はじめに

松岡修造というと「熱血な人」、「ポジティブな人」、というイメージを持ってくださっている方がほとんどではないかと思います。それは、テレビやＣＭ、僕のオフィシャルホームページの「ビデオメッセージ」などをご覧いただいてのイメージだと思うのですが、じつは、僕はいつもあんな風に「熱血」なわけではないんです。しかも、もともとの性格はどちらかというとネガティブです。

ネガティブな性格はテニスプレーヤーとして好ましいものではありません。そこで、僕は現役時代から、読書やイメージトレーニング、メンタルトレーニングなどを通じて「ポジティブな考え方をする」ための訓練を続けてきました。こうしてできあがったのが「ポジティブな松岡修造」であり、僕は後天的ポジティブ人間なわけです。

もともと、ネガティブなので、悩みや迷いに遭遇した時、ネガティブに受け止めてしまってそこから抜け出せなくなることをたくさん経験してきました。でも、ネガティブなままでいても、何一つ、状況は改善しない。そのことが分かってから、意識的に何事もポジティブに考えるようにしてきました。

今の僕は「本気で応援する」ことがライフワークのひとつ、となっています。「応援」には、応援するほう、されるほう、両方の人を元気にするパワーがあります。僕の応援が誰かの励みになれば、僕もそこからパワーをもらえます。現役時代、僕自身もたくさんの応援に励まされてきました。そのおかげで、どんな応援が人をイキイキさせるかを知ることができました。この経験を「人を応援する」ことに役立てていきたい、とも思っています。

本書は女性から投稿していただいたお悩みに答える形で作りました。投稿者の方の年齢や環境、お悩みの内容ごとに、「乙女のお悩み」「少女のお悩み」「淑女のお悩み」と3つの章立てにしています。「私は乙女世代だから、他の世代は関係ないわ」と思われる方もいるかもしれません。でも、それらの悩みは、あなたの過去、そして、未来のものでもあります。「今」のあなたが輝けるようになって欲しいと考えた時、本書の中でちょっとしたタイムトラベルをしてもらえたらと思い、このような構成にしました。少女の頃に戻ったり、淑女になった自分を思い浮かべたりしながら、「今」のあなたのお悩みを解決して欲しいな、と思っています。

実は、女性からのお悩みを拝見して驚きました。男の僕は、女性がこれほどまでにいろいろな悩みを抱えているなんて想像していなかったんです。仕事、恋愛、結婚、育児、家庭。どれも、男も経験することなのに、女性のほうが悩みも多く深いと感じました。そして、ひとりの男として、夫として、父親として、考えさせられました。

僕は、いかなる悩みや迷いも、答えは「自分の心にある」と思っています。もしも、寄せられたようなご相談を面と向かって対話していたならば、「なぜ、そう思うの？」と質問攻めにして、その人の心の中にある「答え」を探していきます。けれど、今回は対話ができませんので、読者の方が「自分の心」と自然に向き合っていけるように意識しました。答えはあなたの心の中にあります。本書を通じた「コーチング（自分で考えて行動する能力を引き出す自己改善技術）」によってあなたが自分の心の声を聞き、「あるがまま」に生きられるようになって欲しいという願いを込めて執筆しました。

ちなみに「あるがまま」とは、禅宗の教えで「随所作主《ずいしょさくしゅ》」といい、ひと言でいうと「自分主体」ということです。社会や人との関係の中で、自分らしく生きるということで、自分勝手、とは違います。自分勝手は、自分中心であり、「わがまま」です。そして、「あるがまま」になれたときに、自分の心の声が分かるようになると考えています。もちろん、他人と協調しなくてはならない場合もありますから、いつでもどこでも「あるがまま」でいるのは難しいことです。でも、「あるがまま」でありながら、人と社会と折り合っていくようにすれば、悩み、迷いとも上手に折り合っていけるのではないか、と思うのです。

残念なことに、今、とても生きにくい時代になっている、と思います。けれど、そんな時代だからこそ、すべての女性に元気でハッピーでいて欲しいと思うのです。女性が輝いていることは、男にとって、とても大切なことです。恋人、妻、母親、姉妹、上司、同僚、部下、先輩、後輩、友人、隣人……。人生で関わっているすべての女性が輝いて笑顔でいられる世の中になったら、男にとってこんなにハッピーなことはないんです。

僕の応援で、ひとりでも多くの女性が、「ドントウォーリー！　ビーハッピー‼」になってもらえたら……と願っています。

心の声を聞け

ドントウォーリー！
ビーハッピー‼

松岡修造の生き方コーチング

悩める乙女のみなさんへ

悩める少女のみなさんへ

悩める淑女のみなさんへ

本書はインターネットの特設サイトに寄せられた
10代から40代の女性からのお悩み相談の投稿をもとに執筆されました。

本書に掲載した筆文字は、すべて松岡修造直筆です。

装丁／廣田 文（ツー・スリー）
写真／加治屋 誠
編集／本多 悟
編集協力／栗原貴子
出版コーディネート／袖山俊夫（アストロウイング）

悩める乙女の
みなさんへ

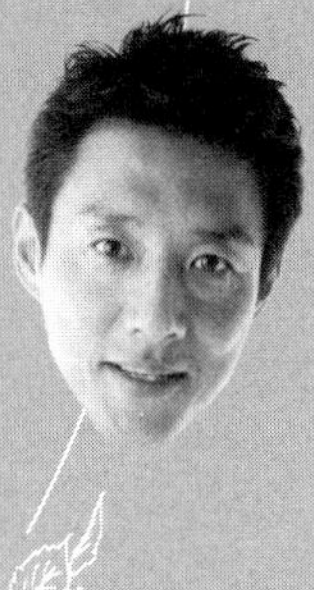

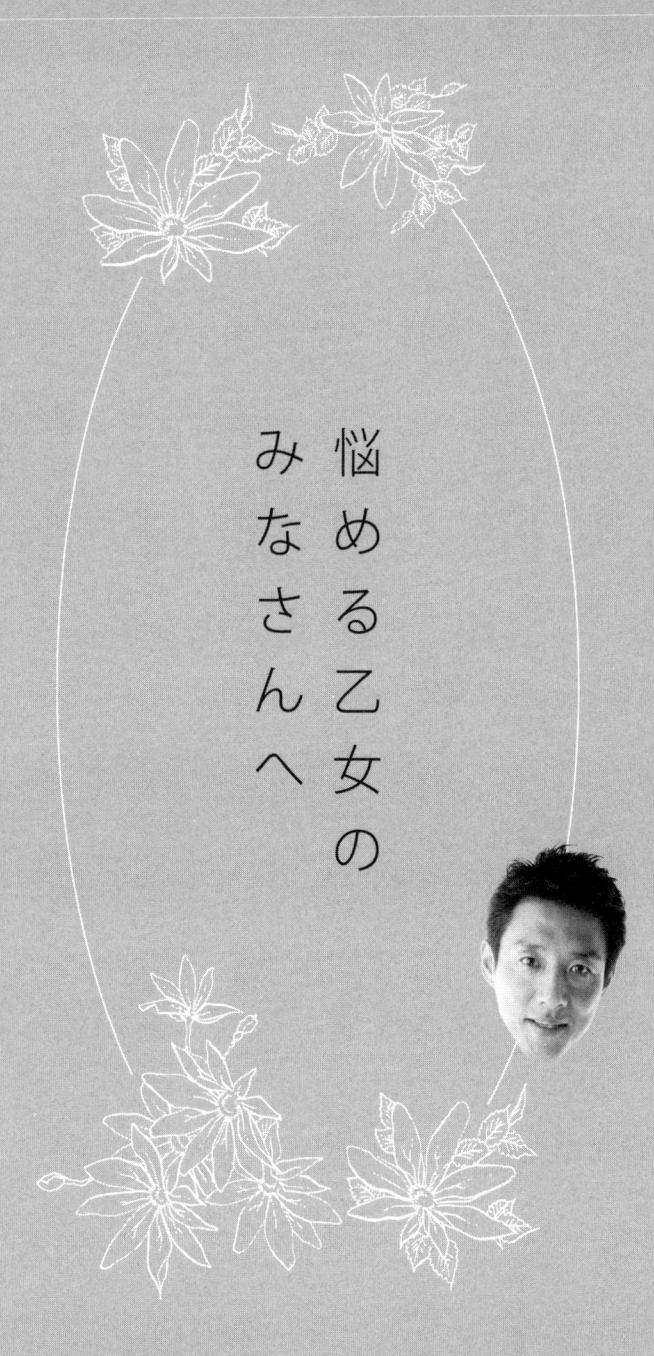

乙女のお悩みその①

モチベーションが上がりません……。

MESSAGE 001

やりたいことがあるのですが、毎日の忙しさを口実に先延ばしにしてしまいます。自分でも、失敗したときのことが怖いから先延ばしにしてしまうのだということは分かっているのですが、どうしても最初の一歩が踏み出せません。
会社を辞めて、ドッグカフェを始めたいのです。そのための資金もためていますので、私の気持ちの問題だ、ということも分かっているんですけど……。不景気になってから、「会社員でいるほうが安心だ」、「こんな時代に商売を始めるなんてバカだ」などと思ってしまうのです。
会社員でいることのメリットと独立開業の不安を天秤にかけて、メリットを取っている状態です。このままズルズルと人生を送ってしまったら後悔すると思います。

一歩が踏み出せませんさん（30歳・会社員・神奈川県）

MESSAGE 002

やりたいことが見つけられず、このままではいけないと思いながらもなかなか行動に移すことが出来ずどうしたら奮起できるのか？ モチベーションの上げ方を教えていただきたいです。

pirokoさん（31歳・事務・東京都）

MESSAGE 003

最近、毎日が単調で刺激がないためかぼやけた顔つきになってきた気がします。

途切れることなく配信されるビデオメッセージのように情熱あふれる精神があれば人生もエンジョイ！表情もイキイキ！してくるのかもしれませんね。

でも、私はもともと内気・ローテンションな性格なので周りの目を気にしてしまいがちです。

どうしたら修造さんのようにイキイキとした生命力あふれる表情になれるのでしょうか。


はまちさん（23歳・フリーター・東京都）

MESSAGE 004

人生をそれなりに楽しんでいるはずなのですが、まわりの人から「楽しそうではない、趣味とかないでしょ？　目が死んでる」と言われます。

たまに言われるくらいなら、ハイハイと流せるのですが、かなりの頻度で言われるので、腹が立ちます。

どのように切り返せば、言った方も私も笑いに満ち、「この人は人生楽しそうだな！」と思ってもらえるでしょうか？

または、わかりやすく人生を楽しそうにみせる方法もあれば教えてください。


松岡さんは集中するには、どのようなことをされますか？

なかなか集中できずにいつもだらだらとしてしまいます。


「わかってるんだけど、できない自分」に落ち込む自分になんと言って励ますと効果的ですか？

のりこさん（29歳・会社員・東京都）

まず、たくさんの乙女のみなさんが「モチベーションが上がらない」と悩んでいることにびっくりしました。夢や目標を実現するためにも、元気出して行きましょうよ！　と言いつつ……。最近よく聞く「モチベーション」という言葉ですが、「どういう意味？」と聞かれたら、自信を持って答えられますか？

僕も、なんとなく意味は分かっているつもりですが、自信を持って答えられなかったので、辞書を引いてみました。

【モチベーション　motivation】
動機を与えること。動機づけ。

では、「動機」ってなんでしょうか？

【動機】
1　人が意志を決めたり、行動を起こしたりする直接の原因。
2　心理学で、人間や動物に行動を引き起こし、
　その行動に持続性を与える内的原因。

3　倫理学で、行為をなすべく意志する際、その意識を規定する根拠。
義務、欲望、衝動など。

『デジタル大辞泉』（小学館）より

つまり、一般的に使われている「モチベーションが上がりません」ということは「意志を決定し、行動に移す直接の原因となる、動機づけができない」という意味だと分かりました。

そして、乙女のみなさんのお悩みを拝見して、ある共通点に気づきました。

「このままではいけないと思いながらもなかなか行動に移すことができなく、どうしたら奮起できるのか？」

「このままズルズルと人生を送ってしまったら後悔すると思います」

「気持ちをどう切り替えていくと良いのでしょう」

と、みなさん、今の自分の問題点、そして、どうしたらいいのか？　はちゃんと分かっているし、自分で答えを見つけているんです。「モチベーション」は自分自身の中にあるものだ、ということは、みなさん、すでに気づいているんですね。


つまり、**モチベーションを上げるのも下げるのも「あなた」自身の問題だということを、ちゃ**

んと知っているんです。分かっているのに、行動に移せない。それが、みなさんのお悩みの共通点だと思います。

では、あなた自身の中にある「モチベーションを上げられない」理由は何なのでしょうか？ あなたが行動に移すための動機づけをどんなことが阻んでいるのかを探ってみましょう。それが、「モチベーションを上げる」ための第一歩です。

「そんなこと言っても、私は修造さんみたいに前向きになれない」

「気持ちが後ろ向きになってしまって、クヨクヨしてしまう」

という方もいらっしゃることでしょう。寄せられたお悩みにも、「修造さんのように熱血になりたい」という方が目立ったのですが……。それこそが、みなさんが「モチベーションを上げられない理由」の答えなのではないかと思います。熱血に憧れる、ということは今の自分に、情熱を感じられないということですよね。なんとなく、流されている。なんとなく、日々を過ごしているのではないですか？

じつは、白状しますと、みなさんは〝松岡修造は24時間、いつも熱血〟だと思ってくださっているようですが、完全に誤解です。いつもあんな風《ふう》だったら僕も僕の周りにいる人も疲れてしまうし、誰も僕と付き合ってくれませんよ（笑）。僕だってあんな熱血な人、嫌ですもん。ボケっとしていることもあるし、疲れてうたた寝することもあります。普段のテンションはいたって普通です。

僕自身、根本的な性格はものすごくネガティブです。でも、ネガティブであることはプロのスポーツ選手として、プラスには作用しません。メンタルの強化のために、メンタルトレーニングなどを経て、自分なりのとらえ方をして「ポジティブに生きる」ことを習得してきました。今は何事も意識的にポジティブにとらえるようになりましたが、訓練によるものなのです。

そして、**何事も「真剣に考えるけど、深刻にならない」ことを心がけています**。

仕事もそうですし、休日に子供と接する時も「どうしたらいちばん、子供が楽しく、僕も楽しくできるか？」を考え、**自分で自分の毎日を「楽しく」するようにしています**。

自分から率先して考えて行動しているわけですから、おのずとモチベーションも高まります。

僕のオフィシャルサイトの「修造からのビデオメッセージ　こんなあなたに…」は、そうやってモチベーションを高めた瞬間を記録したものなんです。

あなたがモチベーションを上げられないのは、チャレンジして失敗することが怖いからではないですか？　そんな自分を「カッコ悪い」と思ってしまうからではないですか？　「どうせやっても、ムリ」とか「できっこない」とか、チャレンジする前から諦めて、クヨクヨしてしまうのではないですか？

人間は意外と自分のことをちゃんと知らないものです。性格や向き不向きを自分で勝手に決め付けていることって、案外、多いものです。「できない」、「苦手だ」と思い込んでいるだけで、チャレンジしてみたら、新しい自分の才能を発見することもあるのです。

そして、「やらなかった」ことへの後悔は、「やった」時の後悔よりも大きく、いつまでも引きずってしまうものです。**ダメでもともと、でもいいんです。**行動に移すことで見えてくることもあるし、物事は計画どおりには進まないんですから。

夢を実現させるのも、失敗させるのも、あなた自身です。

だから、自分を信じてください。「私は絶対にできる」と。

サトコさん（30歳・出版・東京都）

職業柄、不規則で睡眠不足な生活が続いたためか、30歳にもなって、アレルギー性皮膚炎が悪化しアトピーになってしまいました。

普通は免疫力の弱い幼児などに見られることが多いのでこの歳でなるのも非常に珍しいらしく、お医者さんも「おかしい」と言っておりました。

だいぶ良くはなってきたものの、引っ掻いた痕などが残ってしまい、「こんな歳になってこんなことになるなんて…」とショックを受けております。

気持ちをどう切り替えていくと良いのでしょう。


僕は25歳の時、伝染性単核球症というウイルス性の病気にかかり、2カ月間入院し、退院後1カ月の療養生活を送りました。この病気は10代に多いものなのですが、大人になってから発症すると重症化しやすく、死に至ることもある病気です。僕が発症したのは、現役時代。靱帯《じんたい》断裂からカムバックを果たし、好調な成績を出せるようになってきた矢先のことでした。

まさに、「これから」というタイミングで発症した上に、僕も医師から「この年齢で発病するのは珍しい」と言われましたから、サトコさんの気持ち、よく分かります。しかも、治療法は「安静にしていること」。高熱が続き、トイレに立つのがやっとで、フラフラになりながらベッドに倒れ込むような毎日で、トレーニングもできず、本当につらい日々でした。

今、サトコさんはショックを受けつつも「気持ちを切り替えたい」と考えているとのことですから、単刀直入に言いますね。**病気や怪我をたくさん経験して僕がたどり着いた結論は、「受け入れるしかない」というものです。**僕は伝染性単核球症の影響で、完治してからも2年間くらい、月に一度は風邪をひき、花粉症デビューもしてしまいました。でも、「気持ちもカラダも切り替えていこう」と決めて乗り越えました。「必ず治る、と信じて頑張ることが、今、自分がやるべきことだ」と思ってきました。振り返ると、この25歳の時の闘病は「立ち止まりの時期」だったと思っています。苦難の時期でしたが、前向きにこういう時期を過ごしたことで、そのあとに得るものがたくさんあったと思っています。

だいぶ良くなってきたそうですから、今は、食事や生活習慣を見直すなど、体調を整えるためにできることを実践しながら、**「立ち止まりの時期だ」と思って焦らずに過ごしてください。**

モチベーションが上がらない乙女たちへ

流されるな
踏ん張れ
気持ちも体も
受け入れろ

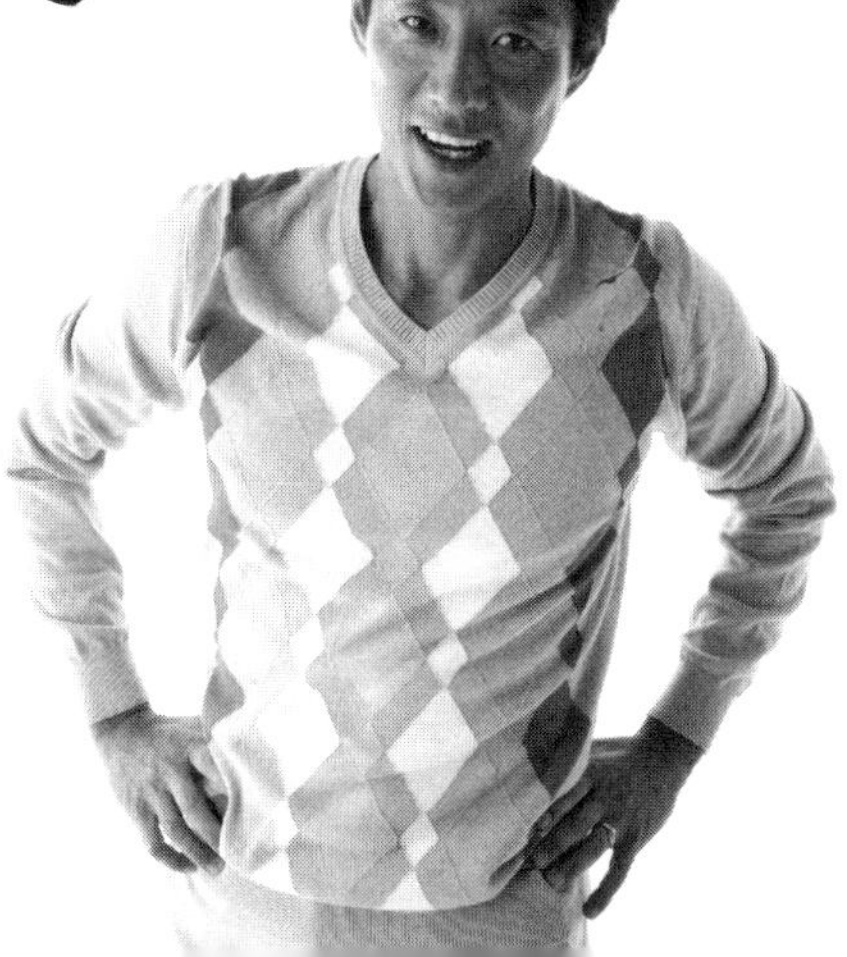

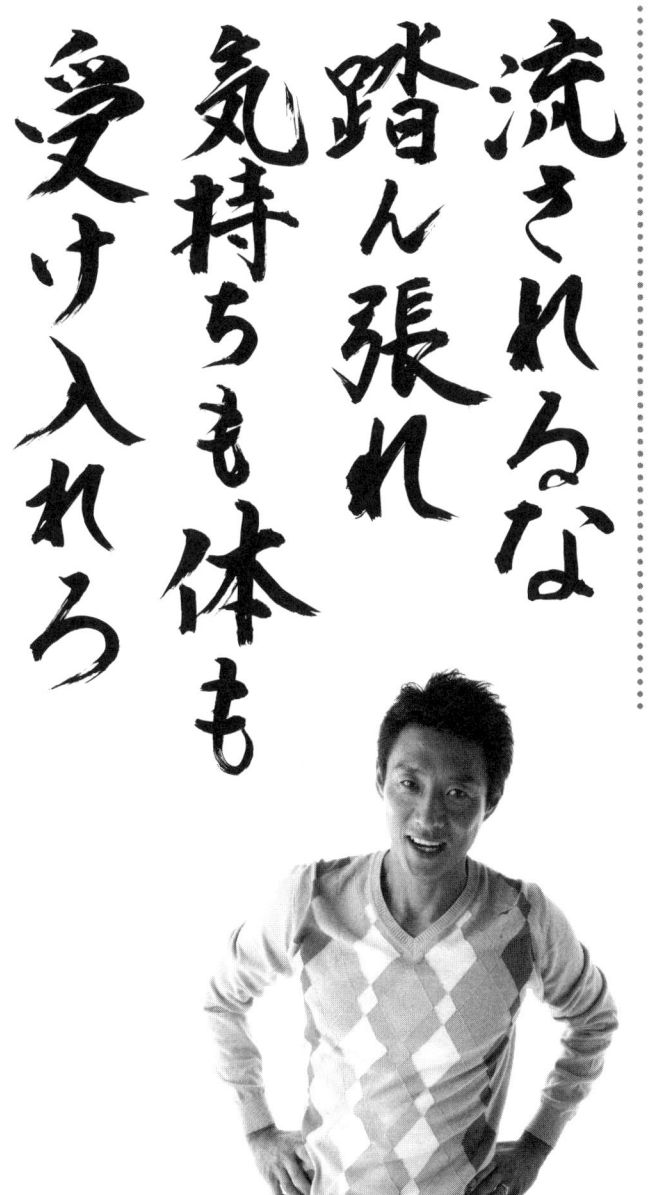

乙女のお悩み その②

周囲からのプレッシャーに悩んでいます……。

MESSAGE 001

今はとても幸せ！と、思いながらも周りの友人は結婚して、子供を産みママになっています。

仲のよかった友人と会っても会話がかみ合わなくなり、マイノリティになりつつある独身30代。

周りからは「恋人はいないの？」「結婚は？」と聞かれる度、「今の私の何がいけないの？」と疑問を感じます。

とは言いつつも、将来も「今、とても幸せ！」と言ってられるかどうかが不安です。修造さん、私の悩みにお答え下さい！

りん子さん（31歳・会社経営・東京都）

MESSAGE 002

修造さん、はじめまして、こんにちは。私は、結婚経験はなく彼氏もいません。実家暮らしです。上司から「彼氏はいないのか？　半年後にまた聞くからね」と優しく心配されています。

実家では、お屠蘇をいただきながら「こうして家族４人で迎えるお正月は、来年はもう無いかもしれないね」と５年続けてみんなで唱えましたが、唱えなくなってから８年が過ぎました。母は最近、ストレスのあまりイライラしたり、熱中症になったり、身体が疲れているようで「お母さんが病気になるのも、変化のない毎日（私が結婚しない）のせいだわ！　もう生きているのがつまらない。」と、怒っています。こんな私に何かアドバイスがあれば、是非よろしくお願い申し上げます。


ラルラルさん（38歳・会社員・神奈川県）

プレッシャーという言葉を辞書で調べると、

【プッレシャー　pressure】
圧力。特に、精神的圧迫。

『デジタル大辞泉』(小学館)より

と書いてあります。

では、プレッシャーはどうして生まれるものなのでしょうか?

これは僕の解釈ですが、「周りの人によって作られるもの」だと思っています。そのため、「プレッシャーの分量を減らす」というコントロールは自分ではできません。ですから、「プレッシャーを精神的なダメージにしない」ための対処法を身につけなくてはならない、と思っています。スポーツ選手も多くの人がプレッシャーと戦っていますし、プレッシャーにうまく対応することは、選手生命にも関わってくる大切なことでもあります。

そして、選手のコンディションによっては、「頑張れ!」という応援ですら、プレッシャーになることもあります。つまり、誰もが「プレッシャーを与える側」になることがある、ということ。応援する側にとっては、まったく悪意はありません。でも、そのひと言が選手の精神状態を追い詰めることがあるのです。

だから、僕はオリンピックやワールドカップなどでスポーツ選手にインタビューする際や、試合前に個人的に話す時には絶対に「頑張れ！」とは言いません。彼らはすでに精一杯、頑張っているのですから、試合直前に「頑張れ！」と言うまでもないからです。

「頑張ってるね」

それが、僕が選手たちにかける言葉です。「頑張れ！」というのは対話ではなく、「声援」として試合中にかける言葉として使い分けています。


とはいえ、**プレッシャーになるほど、周囲から期待されるということは幸せなことだと思っています。注目に値しないような存在だったら、誰も期待しませんし、「あなたなら、できる」と信頼してくれているから期待するんです。**でも、頑張って、頑張って、結果を出してきた人にとっては、「これ以上、頑張らなくちゃいけないの？」と苦痛に感じることも分かるし、「誰も頑張っていることを理解してくれていない」と思えてきてしまうのも分かります。

乙女のみなさんは、「仕事」や「結婚」に関して周囲からのプレッシャーを感じているようですね。プレッシャーに対する自分の気持ちの持ちようも、プレッシャーの理由によって少し、変わってくると思います。

「仕事」でプレッシャーを感じるのは、あなたのこれまでの仕事ぶりを評価されているからですし、あなたならもっとできると周囲の人が思っているから。ただ、今は、これまで頑張ってきたから、少し疲れているのかも知れません。だから、

「周りの人たちがこんなに期待してくれている！　頑張ろう」

とは思えずに、

「これ以上、何を頑張ればいいの？」

と悲観的に受け止めてしまい、気持ちが落ち込んでしまうのだと思います。

周りの人たちは、あなたの出した成果が嬉しいのであって、悪気もないし、自分が言う「頑張れ」があなたを追い詰めていることに気づいていないんでしょうね。

ならば、厳しいようだけど、自分で気持ちの持ちようを変えるしかない。

「頑張れ」と言われたら、「頑張ってるね」と言ってくれた、と思うようにしたらどうでしょうか？　今、あなたが頑張っていることを褒めてくれたんだ、と受け止めるんです。そうすれば、あまりツラいと感じずにいられるのではないかと思います。

「結婚」へのプレッシャーに悩んでいる人は、同世代の友達が結婚して、ママになっていく中で、周囲から「恋人はいないの？」、「結婚は？」と聞かれることがプレッシャーになっていく

んだと思います。

でも、そもそも、結婚して子供がいることがいちばんの幸せ、ではないと僕は思いますよ。「そんなこと言ったって、修造さんは結婚してるし、子供もいるじゃない！」と思うかもしれません。確かに、家庭があることは幸せなことです。けれど、すべてを手放しで「幸せだ！　とは言えない」ということも経験しました。**結婚して子供を持つことは「自動的に幸せになる」ということではないんですよね。たくさんの幸福をもたらしてくれる一方で、同時に多くの「大変なこと」もセットでやってきます。**この時、「大変なこと」のほうに意識が向いてしまったら、幸せを感じる余裕はなくなってしまうんですよね。

それと、「結婚は？」とか「恋人はいないの？」と聞かれるのもプレッシャーになっているのだと思うのだけど、もしも、異性から質問されているのなら、素直に喜んだほうがいいですよ(笑)。男はね、異性として興味のない女性に、こんな質問はしませんから。そりゃ、「この人は結婚しているのかなあ」と気になっても、仕事とかの関係性で「聞きたいけど、聞けないなあ」とためらうことはありますよ。でも、聞いちゃうってことは、あなたが魅力的な女性だということです。質問する男が既婚者だろうが、独身だろうが、そんなことは関係ありません。もしも、また聞かれたら、

「私は魅力的なんだ」
と思ってやり過ごしてください。むしろ、魅力的であることを喜んだほうがいいです。

プレッシャーに負けそうになった時は、「プレッシャーを与えられることを、いかに前向きに受け止めるか」にかかってくると僕自身の経験からも思います。前向きに受け止められれば、プレッシャーがあることを「幸せだ」と思えて力も発揮できる。でも、後ろ向きになってしまった瞬間、精神的に参ってしまい押しつぶされてしまう。この、「プレッシャー」が持つ二面性を理解して、自分の肥やしになるように利用できるようになるのが理想的だと思います。

そして、自分の何気ない「頑張れ！」というひと言が、相手を押しつぶしてしまうかもしれない、ということも覚えていて欲しい。そんな時は、「頑張ってるね」と声をかけてあげられる人でいることも、大切だと思います。

ウツウツさん（27歳・印刷関係・東京都）
はじめましてこんにちは。私はこれまで印刷関係の仕事で精一杯頑張ってきました。だけどどんなに頑張っても、周りの人たちが「もっと頑張って」「あなたならできるよ」って言うんです。

両親もそうです。どんなに勉強を頑張っても「あなたならもっといい学校へ」「もっといい会社に」「もっといい仕事ができる、頑張って」って言うんです。

周りの期待にこたえられるよう頑張ってきたけれど、もうクタクタです。

「これ以上『頑張って！』って言わないで！　もう十分だよって言って」って叫びたいんですが、これって甘えでしょうか。

とある友人は「頑張ってと言ってくれる人がいるのはとても贅沢なことだよ。家族や友人に恵まれず、頑張ってと言ってもらえない人もいるんだから。頑張ってと言ってくれる人たちの期待にこたえるため全力で生きていくべきじゃないかな」って言います。

でももう私はクタクタなんです。

このままどこまでも長いトンネルのように戦い続けるのは辛いんです。

「頑張れ」のひとことがものすごく疲れます。

いったいどうしたらいいんでしょうか…。

子供のころから、ご両親に期待されて勉強を頑張ってきて、就職してからも頑張り続けてこられたんですね。社会に出て5年くらい経ったころでしょうか。

お悩みを拝見して、ウツウツさんは疲れてきちゃったんだろうな、って思いました。

お友達がおっしゃるように、僕も「頑張ってと言ってくれる人がいるのは幸せなこと」だと思います。でも、その一方で「もうクタクタなんです」という、あなたの気持ちも分かります。

「頑張って」と言う言葉をプラスに受け止められない時は心もカラダも疲れているんですよね。

仕事もきっと忙しいことと思いますが、ちょっと休息を取ってみませんか？

できることなら、お休みを取って、ひとりで小旅行でもしてみてはどうでしょう。**あなたのことを誰も知らないところに行って、誰もあなたに「頑張って」と期待しない場所で二、三日、過ごしてみたらいいんじゃないかな、って思います。**

そういう時間を持つことで、きっと、応援してくれる人がいることのありがたみを感じるんじゃないかと思います。そして、「頑張って」を「頑張ってるね」って変換して、自分に伝えられるような、心の余裕も生まれてくるんじゃないかな。

「忙しくて、とても休めない」

と思うかもしれないけれど、心とカラダがＳＯＳを出しているのだから、そういう時間を持つことを自分に許すことも、時には大切だと思います。

周囲からのプレッシャーに悩む乙女たちへ

プレッシャーを感じられることは幸せなことだ

乙女のお悩み その③

将来が不安です……。

MESSAGE 001

はじめまして。25歳女、広告代理店で営業をしております。仕事は充実しているのですが毎日が飛ぶように過ぎていく感覚に焦りを覚えています。毎日深夜にまで及ぶ業務に最近体調を崩してしまっていることもありこのまま仕事を続けていくべきか悩んでいます。

幸いなことに期待してもらっていて管理職も目指せるような環境においていただいています。でもこれ以上業務がつらくなることに耐えられる自信がもてません。

周りでは結婚や出産する友達も出てきている中で、このまま働き続けることが不安です。

どのように人生設計していくべきでしょうか。

しまさん(25歳・広告営業・東京都)

MESSAGE 002

今やっている仕事が不安定です。
収入も安定せず困窮しております。
正社員として転職すれば今よりも好条件で働くことが出来るかと思いますが、好きな仕事をやりたいんです！　HELP！

シャナナさん(27歳・フリーター・東京都)

MESSAGE 003

地方出身のものです。両親と祖母を実家に残し、私は東京で一人暮らしをしています。父からは「いずれ(実家に)帰ってきてほしい」と言われており、私自身も、30歳で一度自分のことを見つめ直し「結婚できそうだったら東京に残る」「独身だったら帰る」と思っています。

社会人になって3年、そして30歳まであと3年なのですが「果たして自分は3年かけて社会人として成長しているのだろうか(実家に帰っても仕事が見つかるようなスキルが身についているのだろうか)」「あと3年も余裕はあるのだろうか(最近、家族の誰かが必ず一人病気がちになります)」「結婚を視野に入れてお付き合いをする男性は今後現れるのか(彼氏いない歴5年目)」と、考え出すと夜も眠れません。不眠症がちになってきました。

こんな私に、よく眠れるようなアドバイスをいただけますと幸いです。
どうぞよろしくお願いします。

MAYUさん(27歳・会社員・東京都)

MESSAGE 004

今の仕事にコレといった不満もないのですが、最近「私のやりたかったことは本当にこれだったのだろうか?」とか、ふとした時に「このままでいいのかな?」と考えるようになりました。
今年で30歳。
安定を捨ててまで新しいことにチャレンジすべきなのか、
それとも、誰もがこんな思いを抱えながらもがんばっているものなのか教えてください。

オハナさん(29歳・自営業・東京都)

まず、多くの若い女性が将来を不安に思っていることに、驚きました。僕が20代のころは、僕も含めて同世代の友人、知人に「将来が不安だ」と言う人はいなかった。僕らが若者として過ごした時代とは、社会背景がまったく違うからだと思います。そして、僕は良い時代に若者として過ごせたこと、今の若い人たちには、「ごめんなさい」という思いです。

そういう世代的な違いがあるのを承知の上で、率直に言わせてもらいますね。

「あなたたち、ちょっと深刻に考えすぎだよ！」

というのが、僕の思いです。

そして、気になった点がいくつかあります。

そのひとつが、「30歳で一度自分を見つめなおし、結婚できそうだったら東京に残る」というMAYUさんみたいに「○歳で○○じゃなかったら……」と年齢で結婚のことを考えていることです。

プロのスポーツ選手はそういう風に年齢を軸にして自分のヴィジョンを描くことはあります。スポーツの成績は、もちろん素質や運もあるけれど、自分の努力で達成できるかどうかが決まることだから、それでいいと思うんです。**でも、結婚って相手のあることですよね？　相手のあることを、期限を区切って考えるのって、冷静に考えたら無理なことなんです。だって、相手にも事情があるし、結婚を考えられるような相手に出会う、なんていうことは努力や頑張り**

でどうにかできるものでもない、って思うんです。

もちろん、「結婚することが第一の目標」なのであれば、できないことじゃないです。でも、みなさん、好きな人と恋愛して結婚したいわけでしょう？　だったら、なおさら、何歳で恋に落ちるかなんて、決められるものじゃないですよね。

仕事についてのお悩みには、「視野が狭くなっちゃってるなあ」という印象を持ちました。多分、みなさん、忙しかったり、ストレスが多かったりして、疲れちゃっているのだと思います。そういう疲れがあるから、「仕事をしていても、楽しいと感じられない」のだろうし、「これから先、どういう風になっちゃうんだろう」と不安に思うのではないでしょうか？

そういう時は、まずは肉体面のケアをおススメします。不安というメンタル面と肉体的な疲れの両方を同時になんとかしようとすると、悩むことになるので、まずは具体的な対策が取りやすい、肉体面をケアしていったらいいと思うのです。

疲れがたまっているのなら、休息を取る。家でゆったりと過ごすのもいいけれど、場合によっては、有休を取ったり、週末にレジャーを楽しんだり、気分転換になるようなイベントを予定することが有効なこともあるでしょう。そうやって、**肉体的な疲れを癒してから、もう一度、**

抱えている不安と向き合ってみてください。

仕事のことで悩んでいる、しまさんは管理職候補になれるような立場でもあり、第三者から見たらとても恵まれた環境で仕事をしているように思います。そのポジションが欲しいけれど、手に入れられない人もいっぱいいるのではないでしょうか。しまさんに限らず、**仕事のことで悩んでいる人は、客観的に自分を見てから、もう一度、仕事に対してどう向き合いたいのかを考えてみると、違った見え方がしてくると思います。**

「楽しくない」「やりがいを感じられない」という時は、気持ちが後ろ向きになっていることが多いものです。ネガティブな心理状態では、どんなご馳走を目の前にしていても、嬉しいと思えないように、何事も輝いては見えなくなります。

そして、年長者としてのアドバイスです。

たとえば、**今、40代の人で、20代のころに、思い描いたような人生を歩んでいる人は、ほとんどいません。**

僕自身もそうです。

でも、予想外の人生になっても、その時、幸せだったらいいんじゃないかな、って思います。

電子さん（25歳・会社員・東京都）

将来が不安です。

会社の人たちはいい人ばかりで何不自由なく、仕事をしています。

ただ、仕事にやりがいを感じることができず、早3年過ぎました。

就きたい仕事はありますが、この不景気の中転職となるとついつい留まってしまいます。

実家に戻るのも考えますが、就職先があるかどうかも…。

路頭に迷っている最中です。


電子さん。あなたは、路頭に迷っていませんよ。なぜならば、「路頭に迷う」とは、

【路頭に迷う】

生活の道をなくし、住む家もなく、ひどく困る。

『デジタル大辞泉』（小学館）より

という意味だからです。

ですから、仕事を持っているあなたは、まったく路頭に迷っていません。言霊《ことだま》、と言いますから、間違った言葉を使うと精神的に自分を追い詰めたりしてしまいますので、気をつけましょうね。

さて、「仕事にやりがいを感じられない」、そして「就きたい仕事がある」ということですが、転職する第一歩が踏み出せないとのこと。

まだ、25歳ですね。ここで、転職というチャレンジをしてもいいと僕は思いますよ。

あなたは、まだまだ若い！

それと気になったのは、「実家に戻るのも考えます」という、ちょっと飛躍した言葉が飛び出したことです。帰れる場所があることは、恵まれていることですよね。幸せなことだと思います。でもね、読んでいて、「え？　なんで急にそうなっちゃうの？」とビックリしました。今の仕事を続けながら、やりたい仕事に就ける道を探すとか、いろいろ選択肢はあると思いますよ。

あと、「就職先があるかどうか」という、不確定な情報でも悩みを深めていますね。

これは、ちょっと調べたら、分かることだと思うんです。

調べて事実を確認したうえで、その事実を元に、判断してみてください。

そうやって、**できることから少しずつ「動き始める」ことから、あなたのイキイキとした人生は始まりますよ。**

将来が不安という乙女たちへ

自分の立ち位置を見直そう 軸足を絶対にぶらすな

乙女のお悩み その④

恋愛について悩んでいます……。

MESSAGE 001

彼氏いない歴３年の会社員です。結婚以前に彼氏がいません。前の彼氏とはお互いの仕事が忙しくてすれ違いが続き、交際２年で別れました。

それ以来、仕事一筋の“働きマン”状態です。好きな人、「いいなあ」と思う人すら現れません。我ながら、女性っぽさがどんどんなくなってゆくような気がしています。

こんな私が結婚できる日はくるのでしょうか？　この頃、一生このままなのではないか？　と思うと猛烈に不安になります。

働きマンさん（28歳・会社員・埼玉県）

MESSAGE 002

仕事・スポーツ・勉強は努力で成功を手に入れることができますが、恋愛（結婚）だけはどうしても手に入れることができずに悩んでいます。

私は修造さんが大好きです。修造さんのような熱い人が好きなのですが、自分自身も熱すぎて、自分以上の熱いハートを持っている人になかなか出会えません。

そして、この熱いハートを否定されることが悲しいです。

女の子が何でも本気でやることはまちがっているのでしょうか？

私は理想とする殿方に出会えるのでしょうか？？


めぐっぺさん（26歳・教育関係・長崎県）

MESSAGE 003

はじめまして。こんにちわ。私の悩みは、以前付き合っていた人のことが忘れることができず、次の恋に進めないということです。

別れて１年半以上経ちますが、なかなか気持ちをふっ切ることができないでいます。

きちんと別れず、自然消滅のようになってしまい、何度か連絡を取ろうとしましたが、もし連絡して、相手から返事がなかったらどうしよう、とか、返事が来ても何て返そう…、って迷ってしまい、結局、立ち止まって前に進めずにいます。


思い切って、連絡を取ってみるべきなのでしょうか？

それとも、時間をかけて、想いを鎮めるのがいいのでしょうか？

アドバイスを頂きたいです。お願いします。

きぬぽんさん（23歳・会社員・東京都）

MESSAGE 004

初めまして、修造さん。私の悩みを聞いてください。私には好きな人がいます。

昨年その人に勇気を出して生まれてはじめて告白をしました。それからだいたい１年くらいになるのですが、彼は未だに告白の返事をくれません。仕事でとても忙しい人なので、なかなか恋愛のことを考えられないのではないかと思いますが、不安で仕方がありません。

その人も私に好意を持ってくれていて、大切にしてくれているのですが、多忙や遠距離であることもあり、連絡すらままならない日々が続いてます。私は彼に今まで自分では考えられなかった前向きな生き方を教えてもらってとても救われたので、今度は私が彼の力になりたいと思っています。なかなか恋が叶わなくても、ひとりの人間として力になりたいんです。でもどうしたらいいか分からなくてずっと悩んでいます。すぐ不安になってくよくよと泣いてしまいます。こんな情けない自分じゃ彼どころか自分自身すら支えることが出来ないです。

修造さん、こんな私にどうか勇気をください。お願いします。

ジョルさん（24歳・学生・北海道）

乙女のみなさんは、恋愛について悩めるお年頃でもありますよね。

そして、どうしても恋愛の先に結婚を意識してしまうために、より悩みが深くなっているような印象を受けました。

でもね、**恋愛の先に必ずしも結婚があるとは限らない、って僕は思うんです。**好きな人がいても、片思いのまま終わったりして、叶わぬ恋もたくさんあると思うんです。人を好きになるっていうのは理屈じゃないんですよね。結婚に向いているはずの男性が目の前にいたとしても、好きにならないこともたくさんあるでしょう？　だから、「恋人ができない」って悩んでしまうわけだし。

それに、**僕は「そんなに出会いって簡単にあるものじゃ、ないんじゃないかな」って思っているんです。**よく、

「出会いの場に行かないからチャンスがないんだよ」

と言いますけど、それは違うと思うんですね。ただ、**普通に生活していても、出会うべき人にはちゃんと出会えるんです。その違いは、「本心から、求めているかどうか」の違いなんじゃないかな、って感じています。**なんて言うと、今、あなたは、

「本心から求めているのに、出会えない」

と思ったかもしれません。

本当にそうですか？　たとえば、合コンに行く時、「どうせ、いい人いないし」、「合コンに出会いなんてないし」などと思いながら参加していませんか？　それじゃあ、たとえ、いい人がいたとしても「いい人なんかいない」という前提でいる限り、知り合えても出会いにはなりませんよね。

また、「片思いで終わる」ということへの焦りもあるんだなあ、って感じました。結婚を意識する年齢だからなのでしょうが、少女のころの初恋や片思いって、美しい思い出として心に残っていませんか？　片思いだからこそ、美しい思い出として残せるんですよね。少女のころは結婚なんてまだ先のことだから、片思いの美しさだけを見ていられる、というのもあるんでしょうけど、**人を好きになるという感情には年齢は関係ないですよね。**

誰もがそんな風に恋をしてきたことと思うんです。それなのに、どうして結婚を意識し始めたとたん、「恋愛ができない」と悩み始めるのか？

心ではなく、結婚を意識した思考で相手を見ているからだと思うんです。

職業は？　収入は？　出身地は？　きょうだいは？　家事は手伝ってくれそう？　とはいえ、その条件をクリアすればＯＫ、というわけでもない。その上で、恋に落ちることを望んでいる。ちょっと矛盾しているでしょう？

心でする恋って、一瞬の笑顔や、他愛のないひと言から始まるものだと思うんです。

「あ、この人、好きかも」

そして、恋愛に発展するには、お互いに「この人、好きかも」って思うことが必要です。

結婚に必要だ、と思っている条件は、さほど意味がないと思うんですよ。収入や職業なんかは、「条件が変わる」こともあり得ますよね。結婚後、旦那さんが転職するかもしれない。職業で結婚相手を選んでしまったら、

「転職するなんて、話が違う」

ってなるじゃないですか。同じ業界の人のほうが分かりあえていいとか、そういうことを言う人もいますが、外国人同士という、異文化を持つ者同士でも恋に落ちるときは落ちる。人を好きになるって、理屈じゃないんですよね。

「恋人もいないし、好きな人もいない。こんな私は結婚できるのでしょうか?」と不安になる乙女のみなさんも多いようですが……。**あなたがちょっと変わるだけで、恋もできるし、結婚する日もそう遠くないと思いますよ。**

さありんごさん(26歳・編集者・東京都)

好きな人に告白をしましたが、その時は彼女がいるからという理由でダメでした。半年後、彼女と別れたという話を聞き、もう一度告白しましたがやはり、後輩としか思っていないということでダメでした。

ほかの人と付き合おうとしましたが、その人が独り身かと思うと、いくら望みはなくても期待してしまう自分がいます。結局ほかの人とは付き合ってません。その人が結婚するまで見届けるか、運命的な出会いが訪れないとこの思いは消えなさそう。

今はそれ以外が充実しているのでそれでも楽しいのですが、ほんとに華の26歳がこんな恋しててていいのかなと思います。

華の26歳が、そんな恋をしていいはずがありません。

ずばり言いますけど、男の僕から見ると、あなたの片思いの彼は、優しいふりをしてズルい男だと思います。優しそうに見えるけれど、優柔不断な野郎です。あなたがどうしても未練を抱くような形で告白を断わっていますよね。言葉はソフトだけど、あなたが「諦めきれない」という結果をもたらす残酷な断わり方だと思います。はっきりと「好きになれない」と言ってくれていたら、あなたは今頃、「片思いだけど、いい恋をしたわ」とスッキリせいせいしていると思うんです。

だから、「こんな男と付き合ったとしても、幸せにはなりませんよ」。

この僕のひと言で、期待していた気持ちをふっきって、**片思いの美しい思い出だけを心に残して、次の恋へ踏み出してください。**

恋愛に悩む乙女たちへ

変わるんだ
変われるんだ！

乙女のお悩み その⑤

結婚について悩んでいます……。

MESSAGE 001

私は31歳なのですが、親が彼との結婚に反対しています。彼の収入や学歴から判断して、紹介して人柄を見てもらおうと思っても、会ってもくれません。

確かに、親の世代は高学歴が安定した人生を保証しており、年収1千万円を超える人がざらにいた時代。そんな親から見れば、彼のスペックは物足りないかもしれません。
ですが、このご時世、安定した仕事や収入の人が、一体どれだけいるのでしょうか。

そして私は31歳。まわりの友人も、大半が結婚して子供も出来て落ち着いてきている頃。
これからどうなるのか、自分の人生が不安です。

さとらこさん(31歳・営業職・東京都)

MESSAGE 002

すごく好きだけど色んな面で振り回されそうな人と、その人程は好きではないけれど自分の事をとても大切にしてくれて信頼できる人、結婚するとしたらどちらが良いと思いますか?

ケロコさん(30歳・会社員・神奈川県)

MESSAGE 003

修造さんこんにちは。

いつも熱い姿に励まされている27歳独身女性です。

実は私、いま結婚を考えている男性がいます。

とても順調で何でも話せる仲ですし、問題はないと思っていたのですが、彼の両親にお会いすることになって、困ったことがでてきました。


なんと、彼の父親は某有名大学の教授で、5ヶ国語をしゃべることができ、嫁にも最低英語くらいは話してもらわないと人間としても認めないというような厳しいお父様らしいというのです。

私はTOEICも受けたことがなく、中学英語もあやしい位の状況で、とてもお眼鏡に適うような女ではないのではないかと不安になってきました。


彼は悠長な人間なので、まあ少しきつい言葉を言われる位だよ、と言っておりますが、話を聞いているとだいぶ勉強面や仕事面に厳しい方で、私が専業主婦になりたいということも許してくれそうもないし、英語も勉強しなくてはいけなそうだし、本当に面倒くさいです。

ちなみにお母さんも大学で講師をされているそうで、エリート一家みたいです。


挨拶に行くのがとても怖いのですが、どうにかこの不安をなくす方法はないでしょうか??

flavorさん(27歳・フリーアナウンサー・埼玉県)

結婚について僕が思うのは、「これが正しい」というものはないし、「こういう結婚をしたらいい」というものもない、ということです。これを言うと妻に怒られるかも知れませんが（笑）、僕は「麓《ふもと》から〝登ってゆく〟結婚をした」と思っているんですね。結婚生活を経ていくことで、妻への愛情も深まっていったなぁ、って思うんです。だから、今でもワクワクできる。残念なことに、妻はどうやら下っていっているようですが（苦笑）。結婚を決めた時も「この人とするべきだ」って思ったから。女性にしてみたら、「愛してる！　結婚しよう！」と、愛情の極《きわ》みが結婚、っていうのが憧れなのかもしれませんが、男目線で言いますと結婚した時点が頂点だと、あとは下る一方ですよ、って思います。僕は麓から登っていったから、続いてこれたんだと思っているんですよ。

僕の話はさておき……。結婚、となると当人同士だけの問題じゃなくなるから、いろいろと悩みも増えますよね。

「親が反対している」というケースも意外とあるみたいですけど、結婚は当人同士だけの問題じゃない、とはいえ、結婚するのはあなたと彼です。あなたと彼の思いがいちばん、大切なんですね。反対されている、けれど、結婚したい。その思いが本気であれば、ふたりで、

「親をどうやって説得しようか」

「説得できなかったら、どうしようか」

って、僕なんかに相談する以前に、彼と話し合っていくものではないでしょうか。

僕が彼の立場だったら、「結婚を許してください」ってお願いしに行くし、それこそ、暑苦しいくらいに熱意をアピールすると思うんです。

だから、さとらこさんのお悩みを拝見した時、「この二人は本気で結婚したいのかな？」って感じたんです。親のせいにして、自分が迷っているんじゃないかな、っていう気がしたんですね。そのことを、もう一度、考えて欲しいなって思うんです。


なぜなら、**収入や職業なんかの条件は、失ったり、変更になったりするものだから、たいして当てにならないものですよね。だから、そういう条件で相手を選ぶのは、今の時代は危険だと思います。**「すごく好きな人だけど振り回されそうな人と、それほど好きじゃないけどとても大事にしてくれる人、どっちと結婚するべきか」と、二人の男性の間で揺れているケロコさんにも言えることだと思うんだけど、**結婚って、してみないと分からないことが本当にたくさんあるんです。**

「こんなはずじゃなかった！」

「なんで、こうなるの？」

ってことの連続ですよ（笑）。**そこを乗り越えられるかどうかは、最終的には「それでも一緒にいたいと思えるかどうか」しかない。もっと消極的な言い方をすると「それでも、一緒にいることができるか」になる。だって、他人なんだもの。**

それに、「好き」「愛している」という感情だって、移り変わってゆくものでしょう？ **頭で考えたり、条件で判断したりできないのが、結婚だと思うんです。**誰もがうらやむ素敵なカップルが破局したり、「すぐに別れるよ」って思われていた二人が幸せに暮らしていたりするのも、結婚ですからね。

周囲の人が結婚したり、子供が生まれた、っていう知らせが届くと、自分が取り残されているような気がしてしまうのも分かります。でも、**結婚するべきタイミングは人それぞれですし、早いほうが偉い、ってものでもないですよね。**

トマトさん（27歳・会社員・東京都）

年齢的に結婚式ラッシュを迎え、ほぼ毎月のように結婚式や二次会に出席しています。私自身、この2年ほど彼氏いない歴を更新中ということもあって、素直に友人の結婚を祝福できません。

披露宴ではほ笑みながら『○○ちゃんも、あの程度の男で手を打つなんてねえ』などと心の中で思ったりしている自分がいて、嫌になり、落ち込んでしまいます。

こんな風にねじまがった性格の女では、彼氏ができるわけないし、なんて自分で突っ込んでさらに落ち込みます。

トマトさん、性格、ねじ曲がってなんかいませんよ。

そういうことは、**口に出さないだけで、みんなが「思っている」ことですから（笑）**。素直な意見だと思います。ただ、確かにトマトさん自身も気づいているように、「いいこと」ではないですよね。だから、そこを「変えて」いきましょう。

どうして、素直に祝福できないのか、を考えてみました。

トマトさんは「この2年ほど彼氏いない歴を更新中」ということですから、そんな自分を「それでもいいんだよ」って肯定したい気持ちになってしまって、お友達の結婚式で自動的に心の中でいろいろつぶやいちゃってるんじゃないでしょうか。

でも、あなた自身も気づいているように、人の幸せを祝福できない、っていうのは自分でも落ち込んでしまいますよね。

だから、意識的に「祝福する」ようにしたらいいいんじゃないかと思うんです。無意識でいると、『あの程度の男で～』って思っちゃうから、もう、「友達の結婚をお祝いする、友人の役を演じている女優の私」ぐらいのイメージで、祝福を意識するんです。僕が応援するモード全開でビデオメッセージを収録しているみたいに、祝福モード全開になるんです。

「おめでとう」

という言葉をたくさん言えば言うほど、それはあなたにプラスになって返ってきますからね。

そう思って祝福しまくってみてください。

こういうケース、女性特有のものではないんですよ。じつは、男も、

『ちくしょう。なんでアイツ（新郎）があんな美人と結婚できるんだ？』

とか腹の中では思っているもんです（笑）。

結婚に悩む乙女たちへ

結婚とは
こんなはずじゃ
なかったの連続だ
だから面白い

乙女のお悩み その⑥

職場の人間関係がストレスです……。

MESSAGE 001

3年ぐらい前から、職場の雰囲気が悪くなりました。きっかけは部署の部長が代わってからだと思います。 今の部長は大声で怒鳴ったりする一方で、ものすごくワンマンで部下からの意見や希望などほとんど聞いてくれません。

先日、若手の社員２人も「あの部長のもとではもう、やっていけない」と会社を辞めていきました。また、20代の女性社員は「部長の怒鳴り声をきくのが辛い」ということから、とうとう、うつ状態になってしまい、今、休職しています。

職場から笑顔が消えました。以前のように笑顔のある職場にしたいのですが……。どうしたらいいでしょうか？

じゅんさん（37歳・会社員・東京都）

MESSAGE 002

小さい頃からいじめを受けていてそれが原因で職場でもいじめられました。

面接で泣いてしまうほど人とかかわることが苦手です。就職して1ヶ月足らずで退職し引篭もっている間、元気や勇気を与えてくれたのは修造さんの熱いメッセージでした。毎回、涙があふれ出てきました。

修造さんのように毎日熱く人とぶつかっていけるようになるにはどうしたらいいですか？

修造さんの一言で一歩踏み出せる勇気が出ます。

ぷちうささん（20歳・無職・島根県）

MESSAGE 003

職場の人間関係で悩んでいます。一応、部下（女性・20代前半）ができたのですが、彼女が外部スタッフに評判が悪いのです。

上司（先輩）である私からみると、「まあ、いまどきのコかな」という感じ。つかず離れずで、淡々と彼女とは仕事をしています。
でも外部スタッフ（すべて女性）からは「私たちを見下している」「メールでしか連絡が来ない」「自分ができると思って、先輩であるこちらのいうことを聞かない」などと散々の評判。

「メールでしか連絡が来ない」などはビジネスマンとして問題があるので、指導するのですが、それ以外のところは、私がいないところの話なので、どっちの言い分が正しいかは謎。

一応、部下には「人と人が仕事するから、いろいろ合う合わないはあると思うけれど、礼儀は尽くしてね」とアドバイスはしますが、本人は「心当たりがない」「いいがかり」という感じ。

個人的には真面目なコだと思いますが、相手に対して厳格な部分があり、そこにまだ彼女の実力が伴っていないからこその、行き違いもあると思います。

さらに、外部スタッフが集団なので、女性特有の「なんか嫌い」というムード、そして陰口がはいってきて…私はあまり、そういうのが得意じゃないのですが、双方から愚痴や文句、主張を聞かされて、「あー、もう、無理！」という感じです。

部下と、外部スタッフを呼んで、忌憚なく話してもらったほうがいいのかな？とも思うのですが、女性同士、そう簡単に解決はしないとなると、私まで感情的な争いに巻き込まれそうで…
でも、それも仕事なのかも、という思いもあり…日々ため息ばかりです。

ビル子さん（32歳・会社員・東京都）

職場の人間関係で悩んでいる乙女のみなさんは、正義感が強くて真面目な方が多いなぁと感じました。僕は、正義感や真面目さを持っていることは、すごく良いことだと思います。でも、正義感が強くて真面目な人って「一所懸命になりすぎて、周りが見えなくなる」時があるんですよね（笑）。だから、人から理解されにくいことが多い、というのも事実だと思います。

テレビやビデオメッセージなどで、僕の熱血な様子をご覧になっている方は、「松岡修造はいつもあんな風に熱い」と思われているようですが……。普段はいたって普通です。仕事をしていますから、意見が対立することもありますけど、平和主義ですから、感情的になって人とぶつかることもしません。相手が「修造さんは、どう思いますか？」と僕が意見を言えるスペースを与えてくれた時は意見を話しますが、そうじゃない場合はあえて意見を言わないこともあります。**どうしても、自分の意見を通したい時は、その状況と相手に応じた「攻略法」を考えて、戦略的に動く。この方法は時間がかかるけれど、感情的になって対立するよりも、ずっと効率的だと思うからです。**

人と意見が合わない、という時はお互いが「自分の望む方向にもっていきたい」と思うから対立するわけです。だから、

「相手に自分の意見や希望を伝える」
「相手の意見や希望を聞く」
「その上でどうしたらいいか？　を考える」

というプロセスが必要なんです。お互いの気持ちを尊重して、納得して物事を進めるには、それしかないんですね。

でも、感情が先走ってしまうと、冷静に向きあえなくなってしまう。そこから人間関係はこじれていくのではないかな、って僕は思うんです。

僕は今、テレビや雑誌などのメディアでお仕事をさせていただいています。僕を起用するか否《いな》か、は僕の一存では決められない環境に身を置いています。注目度や人気度が「ある」と判断されれば起用してもらえますが、そうでなくなったら使われることがなくなる可能性があるのです。つまり、僕は「松岡修造を使うか否か」を判断できる人に身をゆだねている、とも言えるわけです。

そして、このことは、会社や組織で働く人にも言えることだと思うんです。上司が言うことはあなたとは違う意見だったとしても、最終的には「上司なんだから、しょうがない」って思うしかないケースがほとんどなのではないでしょうか。上司だからといって、必ずしも人格者とは限らないだろうし、仕事ができない上司もいるでしょう。でも、上司は上司であって、そこは変えようがないですからね。その人の部下でいる以上、「しょうがない」んです。**なぜなら、人を変えることはできないから。だから、自分が変わることで、状況を良くするしか方法はないって思うんです。**これは、職場に限らず、すべての人間関係に言えることだと思います。

職場から「笑顔が失われた、笑顔を取り戻したい」と思っている、じゅんさんの場合なら、じゅんさんが、率先して笑うしかないんです。周りの人がそれにつられて笑ってくれたら、笑顔が広がっていくと思いますよ。

職場の人間関係って、自分では選べないから悩みも深いのだと思います。でも、誰と上司・部下の関係になるかも選べないし、メンバーを入れ替えることも簡単にはできないんだから、だったら、**できることから何とかするしかないんですよね。できることがないのなら、我慢する。**その、どちらか一方だと思います。

ミッキーさん（32歳・製造業・東京都）
理屈が通じない上司に対して、どのように対応すればいいんでしょうか？
理屈を言うと逆上するので、まともな話し合いができません。

ミッキーさんからのご相談の文章から、細かいことが分からなかったので、僕の勝手な推測でお話ししますね。

まず、ミッキーさんが上司に対して「上から目線」だってことが僕はすごく気になりました。どんな上司なのか分からないけれど、上司は上司。ミッキーさんは部下なんです。上司と話し合いができない理由のひとつに、ミッキーさんが無意識のうちに上から目線な文章を書いてしまっているように、そういう態度を取っているんじゃないかな? って気がしました。

それから、ミッキーさんは理屈で物事を考えたい、論理的な人なんだな、って思います。でも、理屈じゃなくて、感覚や感性で動くタイプの人も大勢いるんですよね。もしかしたら、上司の方は、感覚や感性で動く右脳派なタイプかもしれません。

とにかく、理屈で話したいミッキーさんとは、違うタイプのようですから、ミッキーさんが**上司に理解しやすい話し方、喜ぶ話し方で話し合うようにしたらいいんだと思います。**

「なんで、私が合わせなくちゃいけないの?」

って思っちゃいました?（笑）

だって、上司とちゃんと話し合いたい、って思って悩んでいるのはミッキーさんなんですから。ミッキーさんが変わらなくちゃ。

職場の人間関係に悩む乙女たちへ

あなたが変われば周りも変わる

乙女のお悩み その⑦

仕事が「楽しい」と思えません……。

MESSAGE 001

先日、仕事でちょっとしたミスをしてしまいました。お客様はたいしたことじゃないと言ってくださいましたが、私自身は悔しくて立ち直るのに３日もかかってしまいました。

本来なら残りの仕事をさらに良いものにすべく、すぐに気持ちを切り替えなければならないのに…。

こういった時、松岡さんならどうされますか？？


あんこさん（35歳・デザイナー・東京都）

MESSAGE 002

28歳OLの独身女性です。職場で自分の振る舞いをどのように出したらいいのか、悩んでいます。もともと呑気で、おっちょこちょい、話し方はゆっくりで舌ったらずです。

結婚の予定もないので、仕事でキャリアを築いていかなければと思っているところですが、こうした根本の性格が商談の席では、とても妨げになっています。

落ち着いてゆっくり話そうと努めると「呑気」、しっかり段取りよく進めようとすると「落ち着きがない」と上司に叱られます。

今の仕事をはじめて１年くらい経つのですが、成果が表れず困っています。どうしたらいいのでしょう？


ミスサラリーマンさん（28歳・会社員・東京都）

「仕事が楽しくない」と悩んでいる乙女のみなさんは、楽しくない理由は仕事そのものではなく、ご自分のミスや性格が原因のようですね。

まず、みなさんのお悩みを拝見して「共通しているなあ」と感じた点があります。

みなさん、自分のことで精いっぱいになっていて、周りのことがよく見えていないんじゃないかな？　って感じました。

でも、みなさん、一所懸命、頑張っているんです。一所懸命だからこそ、「どうして、結果が出せないの？」、「どうしてミスってしまうの？」って自分を責めてしまうんですね。

でもね、**「自分としては、一所懸命やっていても、他人から見たらそうは見えないこともあるんです。**スポーツの世界は、結果が勝敗で現れますから、一所懸命やっても負けることもたくさんあります。そして、負けたという結果は、一所懸命やったからといって、変えられません。

ちょっと視点をずらして、一所懸命やっている自分を客観的に見てみましょう。

すると、自分が周囲からどんな風に見えているのか、が分かってきませんか？

周囲の目を気にしすぎるのもよくありませんが、**仕事の結果というのは、他者からの評価だと思うんです。**僕の場合、視聴者の反応が僕の仕事の結果です。一所懸命やっているからといって、必ずしも、視聴率が上がるという保証はありません。だから、僕は常に、自分が「どう見えるか」、「視聴者が楽しめる内容か」ということを考えています。

その上で、テレビで話す時は、話す内容を何度もシミュレーションしています。

スポーツキャスターのお仕事をさせていただいていますが、話すことは、もともと、そんなに得意ではなかったんです。今も、それは変わりません。不得意だから、これでもかってぐらい練習してカバーしています。一所懸命、シミュレーションするのはもちろんですが、この時も、「ちゃんと分かりやすく話せているか？」という、客観的な視点を持って自分をチェックしています。


みなさんの仕事にも、同じことが言えると思うんです。

打ち合わせの席で、ほかの人が「居心地が良いな」と感じられるような話し方をするとか。説明や段取りが苦手なら、「どうやったら、上手に段取りできるか」を考えて工夫をするとか。段取りの良い人を観察して勉強するのもいいでしょう。ちなみに、僕は、テレビで話す、ということの練習に、「話すことが上手じゃない人のポイント」を書き出していました。僕はテニスをしていたせいか、もともとの性格なのか、弱点を観察して分析するのが得意なんですが（笑）、客観的に「どう見えるか」を学ぶにはこの方法はとても身になります。映画を観ていても、「なんで、こんなにつまらないんだ？」と感じたら「この映画がつまらない理由」を分析するんです。好奇心を持って探究していくんですね。話し方も同じです。自分が「つまらない」「分かりにくい」と感じる話し方をする人はよい反面教師になってくれるのです。もちろん、「いいな」と思う人を観察することも大切です。

みなさんの周りにも、仕事のデキる女性がたくさんいることと思います。**彼女たちの、どんなところがいいのかをじっくり観察してみてください。そして、自分とどこが違うのかを比べてみてください。**

そうしたら、自分がどういう風に一所懸命になればいいのかが分かってくると思いますよ。

MCさん（26歳・会社員・東京都）

何をやってもちょっと抜けていて困っています。
説明が下手だったり、ダンドリが悪かったり……。
一番イヤなのが、きちんとやっているのに、
間が悪くて理不尽に叱られることが多いところ！
どうすればもっとしっかりした大人の女性になれるでしょうか？

一所懸命やっているのに、叱られちゃうんですね。だから、理不尽に感じるのでしょう。でも、もしかしたら、周りの人からしたら「きちんとやっている」ように見えないのかもしれません。周りの人は「タイミングよく」仕事をすることも含めて「きちんとやる」だと思っているのだとしたら、そこを外したら、叱られちゃうのも無理はないと思うんです。

ちょっと厳しい言い方をしますが、**自分の常識を疑うことから始めてみたらいいな、って思います。**あなたにとっては、「これが、きちんと」ということも、他の人にはそうではないことがたくさんあるんですね。それは、あなたに限らず、誰もが「自分の常識は世間の非常識」ってことはたくさんあるんです。

ＭＣさんがいうしっかりした大人の女性というのが、どういう女性をイメージしているのか分かりませんが、多分、そういう女性は「自分の常識は世間の非常識」ってことを知っているんだと思いますよ。

そして、ＭＣさんが今、一所懸命やっていることを、分かってくれる人が必ずいると僕は信じています。ちゃんと必ず見てくれている人がいるんですよ。あなたはなまけているわけじゃないですし、「頑張りたい」と思っているんです。だから、これからも、一所懸命でい続けてくださいね。

仕事が楽しくないと悩む乙女たちへ

あなたの仕事を評価するのはあなた自身ではない

乙女のお悩み その⑧

自分の性格を変えたい……。

MESSAGE 001

緊張するとどもってしまうんです。

かぼちゃさん（33歳・会社員・東京都）

MESSAGE 002

どうしようもない照れ屋で困っています。

自分の話をされるだけで顔が真っ赤になり、褒められるとどう反応していいか分かりません。

コンビニで買い物をしているだけでも知ってる人がいると落ち着かなくなってしまいます。

どうしたらいいでしょうか。

照れ屋さん（29歳・会社員・東京都）

MESSAGE 003

人前で失敗することを恐れる傾向があります。

新しいことを始めるときに毎回緊張したり、事前に準備を重ねた上でなければチャレンジできなかったりします。

小さいことだと、カラオケも既に歌い込んである曲しか歌えません。

コンサバな自分から脱して大胆にチャレンジしていきたいと思っています！

ゆまさん（26歳・会社員・東京都）

MESSAGE 004

『相談ができない』

何事にも前向きで、自分でなんとか解決したいと思ってしまうあまり、うまく人に相談したり力を借りたりすることができません。

仕事でも、もっといろんな人の意見をきいて相談できれば、視野も広がりうまくいったのにな、と反省することも多く、強い女性でありたいと思う反面、うまく人を巻き込んでいく柔軟さが足りないなと思っています。

上手に相談して、力を貸してもらえる人ってどうすればなれるのでしょうか。


うたうたうさん（30歳・会社員・東京都）

MESSAGE 005

私は、いわゆる「ダメ男」を好きになってしまう傾向があります。

浮気癖があったり、お金にだらしなかったり…。

今度こそ、結婚を考えられる「イイ男」をつかまえたいと思っているのですが松岡さんが思う「イイ男」の見極めチェックポイントを３つ教えてもらえますでしょうか？

キャッツさん（25歳・会社員・東京都）

MESSAGE 006

わたしは何をやっても目立たず、いいところは活発な人に持っていかれてしまいます。

ぱっと明るい表情の華やかな女性や修造さんのように周りを元気にすることのできるムードメーカーのような人にとてもあこがれます。

そんな人になるためにはどうしたらいいのでしょうか。


pineapplecreamさん（29歳・会社員・千葉県）

自分の性格を変えたいという乙女のみなさんは、「自分のこういうところを直したい」ということを具体的に分かっているのですね。

それならば、まずは、紙とペンを用意しましょう。

そして、自分の「直したいところ」を書いてみてください。

次に、「なんで、直したいのか?」、直したい理由を書いてみてください。

次に、「どういう時に自分の好きになれない性格が出るのか」を紙に書いてみます。

性格を「直す」ということは、自分を「変える」ということでもあります。変えるには、「変えなくてはならない理由」を自分がちゃんと理解する必要があります。「変える必要性」をちゃんと納得できなければ、どんなに変えようとしても変えることはできないからです。

でも、乙女のみなさんのお悩みを拝見して、「考えが整理されてないなあ」と感じたんです。

自分の性格で「困っていること」は分かっているのだけど、どうして直したいのか、という理由がまったく書いていない。文章がバラバラで考えがまとまっていないのがよく、伝わってきました。

だから、まず、ゆっくりと考えをまとめてみてください。

まとまってきたら、もう一度、僕にお悩みを相談するつもりで、文章を書いてみてください。

そして、あなたのことを知らない松岡修造が、あなたの悩みに答えるために必要な情報が入っているかを、松岡修造になった気持ちでチェックしてみてください。

足りない情報があることに気づいたかもしれません。

説明不足なところがあることを発見したかもしれません。


さて。ここまで書いてみたら、次は「自分の取扱説明書」を作ってみましょう。自分のことは、案外、分かっているつもりで分かっていないことがたくさんあるもの。ですから、「直したい」と思っているところだけでなく、自分自身をもう一度、客観的に知る必要があるんですね。そのために役立つのが「自分の取扱説明書」なんです。これは、僕が現役時代から、迷った時や年の初めなどの節目にやってきたことなのですが、そういう時はまずは「自分の取扱説明書」を書くんです。

白い紙に、「自分の良いところ」、「悪いところ」、「得意なこと」、「不得意なこと」、「できること」、「できないこと」、「会社での役割」などをすべて書き出してみてください。人に見せるものではないので、率直に書いてくださいね。

するると、「思っていたよりも、自分はいろんなことができるんだ」という発見ができるかもしれません。もしかしたら、「不勉強なことがたくさんある」と気づくことや、「ここをもう少し工夫したら、新しいチャレンジができる」ということに気づくこともあるでしょう。

その上で、もう一度、「直したい」と思っている性格を見直し、僕に宛てて書いたお悩みを見直してみてください。

どうしたらいいかが、見えてきたんじゃないかと思います。

「緊張するとどもってしまう」というかぽちゃさんは、どうして、「どもると困るのか」とか「なんで緊張してしまうのか」とか、「どんなシーンでどもるのか」とか、見えてきませんか？「どもらずに喋れるのはどんな時なのか」が分かってきたら、常にその時と同じように喋ることを心がけるとか、自分なりの気をつけ方が見えてくると思うんです。「自分の話をされるだけで顔が真っ赤になる」という照れ屋さん。僕もね、けっこう自意識過剰なので、そういうこと、よくあります（笑）。そう、こういう人って、自意識過剰気味なんですよ。でもね、それって、そんなに悪いことじゃないと思うんですよ。

顔が真っ赤になって恥ずかしい時は、「照れ屋なので褒《ほ》められると赤くなって、恥ずかしいです」って自分から言っちゃえば、それでけっこう大丈夫になったりするもんです。顔が赤くなる、というような自分でコントロールできない現象を抑えるのは難しいですから、コントロールできる「対処法」を考えるのも、ひとつの方法だと思います。

自分の性格について悩んでいるのなら、ぜひ、「自分の取扱説明書」を書いてみてください。

betiさん（25歳・会社員・東京都）
うまく貯金ができません。
結婚式も挙げたいし、マンションも買いたいし、子供も産みたいし、お洋服もたくさん欲しい。

●●● どうすればいいですか？　全然足りません。●●●

ｂｅｔｉさんの「やりたいこと」はみんなが思っていることですよね。「結婚式を挙げたい」、「マンションが欲しい」と、いろんな憧れや目標を持つことは人として自然なことだと思います。でも、ｂｅｔｉさんはもしかしたら、慌てて相談のメールを書いてくれたのかな？

お悩みの意味がよく分かりませんでした（笑）。なので、やりたいことがたくさんあるから貯金をしたい。でも、欲しいものもいっぱいあって、貯金ができない、というご相談なのかな？と推測してお答えしますね。

これから、うまく貯金をしていくために、**まず、今、やりたいことの優先順位をつけましょう**。そして、お金はそのために使いましょう。

もし、今、「お洋服がたくさん欲しい」のであれば、それに費やせばいいんです。でも、もしも、結婚式を挙げたいが優先順位ナンバー1なら、そのために貯金をしたほうがいいですよね。目標の貯金の額を決めて、そこから月々いくら貯金したらいいのかを決めて、残ったお金でやりくりしていけばいい。多くの人が、限られたお金をやりくりしながら、夢を叶えているものですから、できないことじゃないですよ。優先順位を決めるには、「自分の取扱説明書」が役に立ちますから、ぜひ、作ってみてください。

自分の性格を変えたい乙女たちへ

悩む前に自分の取扱説明書を作ってみよう

悩める少女のみなさんへ

少女のお悩み その①

今の自分が好きになれません……。

MESSAGE 001

修造さん!

私はテニス部に所属していて髪が短めで声も低めで、みんなから男の子扱いされているのですが、女の子らしくなるためにはどうすればいいですか?

彼氏が欲しい年頃なのでもっと女の子らしくなりたいです!

教えてください!

まめさん(16歳・高校生・茨城県)

MESSAGE 002

学校でよく通りすがりの女子がこっちを向いて何かを言っているような感じがして、「何か私の悪口を言っているのかな…」っていつも思うのです。

これって只の被害妄想ですか?

でもそれが気になって学校に行く気がしません…どうしたらいいですか?


テニス大好き☆さん(14歳・中学生・愛知県)

MESSAGE 003

自分の性格が暗いです。

人と仲良く出来ません。+ﾟ(ﾟ´Д`ﾟ)ﾟ+。

明るく楽しくなりたいです。

有利さん(18歳・大学生・福井県)

MESSAGE 004

人見知りがはげしく、初対面の人となかなか話せません。

どうすれば、初対面の人ともすぐに仲良くなれますか？

もえさん（20歳・大学生・東京都）

MESSAGE 005

私は、工業高等専門学校に通っています。５年生になり、もうすぐ卒業なのですが、私には心残りがあります。

それは、クラスのみんなと仲良くできなかったことです。

工業高等専門学校なので学科ごとにクラスがあり、もちろんクラス替えなどはありません。５年間ずっと同じクラスのメンバーです。

もちろん工学系なので男子がほとんどです。


学年があがるにつれ、みんなが仲良くなる中、内気な私は、なかなか、今となってもクラスの人たちとは仲良くできません。

女の子もいるのですが、女の子とも仲良くできず、男の子は苦手なのでなおさら話しかけることも勇気がいります。

実習やゼミでは話しかける機会が増えたけど、機会が増えただけで、勇気がなかなかでず、話しかけることはめったにありません。

なんか「話しかけられた後どう思われるんだろう？？」「私のこと嫌ってそう。」だと思ってしまうのです。


でも、私も本当はクラスのみんなと仲良くなって満足して卒業できるようになりたいのです。周りの女の子たちみたいに、男の子に気軽に話しかけられるようになりたいのです。自分を変えたいのです。

私は大学へ編入します。工学系なのでまた男子が多い学校にいきます。ここで自分を変えなきゃ、これからずっと内気なままで終わってしまうのではないかと思うのです。


どうすれば、自分を変えることができますか？　どうすれば異性と心おきなく話せることができますか？ 教えてください。

黒ましゅまろさん（20歳・学生・徳島県）

この章では、少女のみなさんのお悩みにお答えしていきます。

少女のみなさんが投稿してくれたお悩みを拝見して、僕自身、懐かしいような、不思議な気持ちになりました。「僕も、そういうことで悩んでいたなあ」と思い出すことも多くて、初心に帰れたというか、若いころの気持ちを思い出すことができました。


さて、少女のみなさんからのお悩みに「今の自分が好きになれない」というものが僕の思っていた以上に多くてビックリしました。

そして、「好きになれない」理由のほとんどが「人間関係」にあるんですよね。

「周囲の目が気になってしまう」という、まめさん。

「人見知りが激しく、初対面の人となかなか話せません」という、もえさん。

みなさん、人間関係に息苦しさを感じているようですね。でも、そんなお悩みを拝見して、僕にはひとつ気になることがありました。それは、

「人間関係への理想や期待が高すぎるんじゃないかな？」

ということです。

周囲の目を気にすることなく、人見知りもしない、そんなパーフェクトな人になる必要ってあるのかな？　って思うんです。

恋愛もそうだけど、友達関係だって「そのままの姿」のあなたがいて、そこから発展していくものじゃないかな？

あなた、という人を好きになるから、そこから友達になったり、そんなあなたに恋をする異性が出てきたりするんだと思うんです。**あなたらしいコミュニケーションの仕方で、人間関係を作っていけばいいんじゃないかな？**

若いころは人の目が気になるものだから、友達が多いとか少ないとか、人気者だとか、そうでないとか、気になるのも分かります。

でも、**大人になるとね、友達は数じゃない、って分かる時がくる。**

100人、友達と呼べる人が携帯の電話帳に登録されていたとしても。自分が本当に困った時、悩んだ時、駆けつけてくれる人がひとりもいなかったら？　それは友達とは呼べないんじゃないかな？　年に数えるほどしか合わなくても、「友達だ」と思える人もいるし、久しぶりに会ってもブランクなど感じさせないぐらいに話が盛り上がる人もいるんですよね。無理をしないでお互いに心地いい距離で付き合っていけるから、友達なんじゃないかな？　って思うんです。

だから、「遊ぼうよ」って誘われても、都合が悪ければ断ればいいんだし、行きたくなければ

「行きたくない」って言えばいい。そんなことで嫌われるような相手なら、友達になる必要はないんじゃないかな、って思うんです。

僕は大学には進学しませんでしたが、大学生ぐらいの年頃の時、テニスのことや恋愛のことなど、なんでも話せる友達は2~3人くらいしかいませんでした。でも、彼らは僕に何かあったら助けてくれる友達でしたし、僕も彼らに何かあったら、すぐに駆けつける、そんな関係でした。その中には一緒に過ごしていても、ほとんど会話らしい会話をしないような友達もいて、面白い話をするわけでもなかったけど、一緒にいて「楽しい」と感じられる友達でした。

友達に限らず、恋愛もそうだけど、いろんな人間関係って「作ろう」と思って作るものじゃないんですよね。クラスが一緒になって、なんとなく話すようになって、なんとなく友達になっていくように、自然と「なんとなく」作っていくものじゃないかと思うんです。

「友達だったら、こういう風にするべきだ」
「恋人だったら、こういう風にするべきだ」
という思いこみは、期待でもあると思うんです。でも、その期待は、自分が心の底から望んでいるものでもないんですよね。

まず、今の自分を好きになりましょうよ！

自分を「好きだ」と思えない人と、友達や恋人になりたいと思う人はいませんからね。そしてあなたが「好き」なあなたと、友達や恋人に「なりたい」って思う人と人間関係を作ってみてください。

あすぴーさん（14歳・中学生・神奈川県）

将来の為に今一生懸命勉強しなければならないのは分かっているのですが、色々な誘惑に負けてしまいます。

そして、そんな時○○ちゃんもそうだからいいや、と言い訳してしまう自分が情けないのですが、それでも変わることができません。

どうしたら松岡修造さんのように一生懸命夢に向かって頑張れるようになれますか。

ご質問が少し、あいまいだったので、僕の回答も的を射ているか分からないのですが……。

まず、あすぴーさんは、まだ14歳！　14歳だったら、「○○ちゃんもそうだからいいや」って言い訳しちゃうのは当たり前だと思いますよ。僕も10代のころはそうでしたから。誘惑に負けて、遊びまくってテニスをまったくしないこともありました。でも、遊びまくったことで、「僕はやっぱりテニスが好きだ。テニスが強くなりたいんだ」って気づいたんですね。自分が何を望んでいるのか、本当の答えは、自分の心が知っているんですね。

だから、誘惑に負けてしまうのも仕方ないって思うんです。

ただし、条件があります。

誘惑に負けた時も、一所懸命、遊んでください。

中途半端に遊んでいると、「自分はこのままでいいのか」と本当に自分のことが嫌になってくるからです。誘惑は「寄り道」ですから、いずれ本当の道に戻らなくちゃいけないですよね。自分のことを嫌になるための寄り道になってしまったら意味がないんです。

誘惑に負けて遊んだことで、僕は「テニスが好きだ」「強くなりたい」という心の声に気づくことができました。テニスの練習は大変なこともたくさんありますが、誘惑は楽しいことだらけですよね。でも、遊んでいるうちに「ラクなほうを選んでも、変わることはできないんだ」ということも分かってきたんです。それに気づいたら、あすぴーさんも変わることができると思いますよ！

今の自分が好きになれない少女たちへ

まずは今の自分を好きになろう

少女のお悩み その②

習い事や部活動のことで悩んでいます……。

MESSAGE 001

私は大学生になってラクロスというスポーツを始めました。ラクロスのおかげで友達もたくさんでき、とても充実した大学生活を送っています。

でも、プレーの面で悩みがあります。自信がなく、ボールを持っても迷ってすぐ他の人にパスをしたり、パスがほしい時に十分にアピールができなかったり、練習ではできるのに大事なところでミスをしたり…。とにかくメンタルが弱く、自信のなさが外から見て分かるくらいプレーにつながってしまいます。どうしたら弱い自分を変えられるか…。修造さんのご意見を聞かせてもらえればとても嬉しいです。

やっさんさん(19歳・学生・愛知県)

MESSAGE 002

私は県立高校に通う一女子高生で、現在パソコン部、部員の２年生です。

パソコン部の活動は基本的に自由奔放で楽しいのですが、２年生部員は私一人しかいなくて、来年の部長は私で決定しています。

しかし、私は人をまとめるのが苦手で積極性もあまり持ち合わせていません。

個人個人で能力を高める協調性があまりない部活とはいえ、来年のことを考えると不安で不安でしょうがありません。

どうすればこの不安に打ち勝つことができますか？

ろむすかさん(16歳・高校生・長野県)

MESSAGE 003

現在中学3年生の私ですが、生まれた頃から酷い運動音痴で今でも運動が苦手です。

先日松岡修造さんの本を購入させて頂き、「今からでもきっと何とかなる」と思い、高校に進学したら硬式テニスを始めたい、という事を親に相談しました。

帰ってきた返事は元から運動音痴な癖にテニスなんて出来るわけないじゃない。諦めなさい、といった返事で、本気だよ、と言っても笑われて返されてしまいました。友達に相談しても同じような返事が返ってきます。

自分としては運動の出来ない自分が嫌なので、絶対に曲げたくない決意なのですが、一体どうしたらいいでしょうか。

甘えたことかもしれませんが、ご助言のほど、宜しくお願い致します。

ユリナさん(15歳・中学生・大阪府)

MESSAGE 004

私は今陸上部の部長をやらしていただいてます。

副部長はなにもしてくれませんでしたが、ある日副部長の役目を相談しに来ました。しかしそれ以降副部長は自分で副部長の仕事をしていると自己満足で終わっています。

あと、お腹が痛いとか言って途中で練習中に休憩もしたり、インターバルをたった8本してるだけなのに、しんどいからといって5本だけとか100Mを30秒で走るところ34秒とかでしか走りません。

副部長はむしろ普通の部員以下なんです…

どうすれば副部長は動いてくれますか?

そして中2の子たちは敬語を使いません。何度も注意して、最初は優しく言っていて直らなかったので何度も怒ったんですが直りません。

どうすれば敬語を使ってくれるようになりますか?

最近まで本当に楽しかった部活がこの2つのせいで本気で走ろうという気にもなれなくなりました。どうすればいいですか?

なつえさん(16歳・高校生・兵庫県)

習い事や部活動に悩める少女のみなさんの気持ち、若いころの僕も、そして今、僕が指導しているジュニアのみんなも、同じような気持ちを持っています。真剣にスポーツに取り組んでいると、誰もが同じ悩みに突き当たるんですよね。

まず、部活動ということについて言うならば、体育会系の部活は厳しい上下関係を学ぶ場でもあると思うんです。スポーツは先輩、後輩の関係を大切にします。だから、先輩には敬語を使うことを徹底しているんですね。そして、「部長」は、そういうルールを作っていく立場でもあるんです。

部長は部員たちに自分の背中を見せながら、部をまとめてゆく立場です。厳しいことを言うようだけど、部員たちが、「敬語を使わない」、「役割を果たさない」のは、部長である自分に責任があるんです。ズバリ言いますと、**部長が本気じゃないから、部員も本気になれないんです。**

なぜ、部長が本気になれないのか。

それを考えることが、部長という立場になった人の役割です。**人を変えようと思ったら、まずは自分が変わること。**その基本に立ち返って、自分を見つめ直して欲しいな、って思います。

本当にそのスポーツが好きなのか、部活動を通じて何を目指しているのかをもう一度、考えてみてください。

スポーツをしている少女のみなさんの中には、「プロを目指している」という人もたくさんいることと思います。

そして、多くのプロを目指すジュニアたちが「親からの期待」という課題を抱えるようになるんですね。

子供がプロを目指すということは、親は経済的、時間的、体力的な負担を伴います。それは、本当に大変なことだと思います。そして子供も成長にするにつれてだんだん、「申し訳ない」って思うようになってくるんですよね。お金がいっぱいかかっていることに気づいてくるし、ほかのきょうだいとのバランスとかもあるでしょう。さらに、続けていくうちに、怪我や故障も出てくるし、思うように上達できずスランプに陥る時もあるから、余計にプレッシャーを感じるようになってしまうんです。

僕のジュニアの合宿では、親御さんに「頑張っている子供への手紙」を書いてもらって、それを合宿中にジュニアたちに渡しています。なぜなら、親というものは意外と頑張っている子供に面と向かって思いを伝えることをしていないんですよね。だから、ジュニアたちも「親がこんなに期待してくれているのに、応えられなかったらどうしよう」ってプレッシャーに苦しんでしまうんです。

親御さんたちから送られる手紙の内容は、ほとんど同じです。

「お父さん、お母さんは何があっても、お前のことを応援しているよ」

「テニスが上達してくれたら嬉しいけれど、お父さんもお母さんも、それ以前にお前が楽しくしていてくれるのが、いちばん幸せなんだよ」

「テニスの成績のことよりも、お前がイキイキと健康に育ってくれることを、何よりも望んでいるんだよ」

ジュニアたちが親からの手紙を読む日は、みんな、号泣です。

親は、何があっても自分を守ってくれる存在だってことに気づくんですね。

そうはいっても、続けていく中ではいろんなことがあるでしょう。だから、**迷ったり、悩んだりしたら、親に相談して欲しいな、って思います。**期待してもらっていることは嬉しいけれど、プレッシャーになっていることとか、怪我をしてから思うとおりにプレーできないとか、そういうことも相談して欲しいと思います。

親は、失望なんかしませんよ。

凛さん（14歳・中学生・神奈川県）

3歳からバレエを習っています。お稽古ではなく、プロを目指しています。

けれど、ライバルも多く、練習も厳しく、いろいろ大変です。

レッスン代も高いですし、母が送迎してくれたりと親にも負担をかけているので言えないのですが、昨年末に膝を痛めてから思うように踊れなくなっています。

先生には痛めた時の恐怖心のせいだ、と言われています。

前のように楽しくレッスンができなくなっていることを親に打ち明けたら、失望させてしまうのではないかと思って言いだせません。

凛さんは、今、誰のためにバレエをやっているのかな？

3歳のころから始めたそうだから、最初は、お父さんやお母さんが決めたことだったのでしょう。でも、自分で考えられる年齢になった今は、どう思っているのかな？

僕が凛さんのお悩みを見て感じたのは、バレエを嫌いになったわけじゃないんだろうな、ってことでした。むしろ、バレエは好きなんだろうね。バレエが好きだから、膝を故障してから、思うように踊れなくなっていることが苦しいんじゃないかと思います。その間も、ライバルはどんどん上手になっていくしね。

お母さんに、その素直な気持ちを伝えてみてください。

今は痛みがないようだから、先生が言うように、膝を痛めた時の恐怖心もあるのかもしれない。故障はバレエダンサーの宿命だから、受け入れるしかないと思うんです。だから、それをどうやって克服していくか？　を考えることが大切だと思います。

レッスンやトレーニングをお休みするのは怖いよね。でも、もしかしたら、今は、もっと上手になるために立ち止まる時期なのかもしれない。

お母さんにも負担をかけていることを気にしているようだけど、僕はね、きっとお母さんも凛さんのレッスンをサポートすることを、楽しんでいるんじゃないかな、って思います。でも、凛さんの今の気持ちを聞いたからって、失望したりなんかしませんよ。お母さんと、これからのことを相談するいい機会だと思ってもらえると嬉しいです。

習い事や部活に悩む少女たちへ

家族は最高の応援団

少女のお悩み その③

人間関係がうまくいきません……。

MESSAGE 001

修造さん初めまして。私は20歳の大学生です。

修造さんの暖かさ、熱心さ、一生懸命なところが好きで、よくHPで動画を拝見し元気をもらってます。

お会いしたこともないのにこちらからいきなり相談事なんてすみません。


相談ですが、私は人と関わるのが苦手なのでなんとかしたいのです。

人と心からの交流をしたいのですが、中学生の頃に人間関係で傷ついてから人と本気でぶつかることを拒んでいます。

大学の人間関係も、バイト先でも、なんだかぎくしゃくします。私のせいなんですが、どうしたらいいのかわからないんです。

「自分には笑いが足りないのかも」と思い、お笑いを観ながらどこで笑いをとってるかみたり、本をよんだりしてますが、原因はもっと複雑に絡んでいるのか、うまくいってないのです。

携帯電話やインターネットがそばにあるのが当たり前として育った世代だから？ ゆとり教育を受けた世代だから？ 今の日本で平和ぼけしてるから？ とだんだん論点がずれてきたり。


自分の考えでがんじがらめになっている私にアドバイスいただけたらありがたいです。

ゆうりさん（20歳・大学生・埼玉県）

MESSAGE 002

人間関係で悩んでいます。
サークル、講座、恋人などすべての人や集団に自分の所属するすべての団体の事情をわかってもらうことはなかなか難しいです。
１つを頑張ると何かを妥協しなければならず、妥協した部分にかかわる友人に申し訳ない気持ちでいっぱいになります。
何かいいアドバイスありましたらお願いします！

ゆいさん(20歳・大学生・東京都)

MESSAGE 003

私は約１年前からバイト先の男性に片想いをしていました。
自分から積極的に行けるタイプではないのでバイト先の女友達に相談していました。

ある日片想いしている男性と相談相手ではない別の友達とご飯を食べに行った時に、実は相談相手と私が片想いしている男性が付き合ってることが発覚。
しかもその彼に好きな人いないの？と聞かれていないよー。と嘘をつくとお前は絶対俺みたいな振り回すタイプじゃなくて優しい人と付き合った方がいいと言われてしまいました。

帰り道自分の気持ちがわかんなくなり、彼の前で泣いてしまいバイトに行くのが辛いです。しかも彼とはバイトのシフトが全く同じ....
なんて顔して逢えばいいのか本当にわかりません。。
今後、相談相手の女友達ともどのように接していいかわかりません。

ずっと３人で仲良くしていくいい方法はないでしょうか。

ｍａｒｉｎｅさん(20歳・大学生・東京都)

MESSAGE 004

私の悩みは友人関係です。

私は大学進学にあたって田舎から上京してきたのですが、それからというもの、気兼ねなく何でも話せる友達がなかなかできません。友達がいないというわけではないのですが、ほとんど表面的にしか仲良くなれず、周りに合わせて過ごすことに少し疲れてしまうことさえあります。

一人で過ごすことが嫌いなわけではないのですが、友達に誘われたりするとうまく断ることも苦手です。

価値観の合わない友人とでも無理せず付き合っていくことはできるのでしょうか？

それとも無理してまで友達付き合いをする必要はないと思いますか？

アドバイスをお願いします。

もちぐまさん（20歳・学生・東京都）

MESSAGE 005

修造さんはじめまして。

私は男性と付き合っても一月以上続いたためしがありません。

私が好きになるのは彼女もちの人が多いのであきらめるしかなく、他の人に告白されて付き合うのですがやはり自分が好きというわけではないので煩わしくなり別れを切り出してしまいます。

もともと女子高育ちで友達と遊んでいればそれでいい気持ちもあるからだとは思うのですが、今後そういうわけにもいきませんし将来のことを考えるとこんな自分が結婚できるのかも不安に感じてきます。

彼氏がいないことについては焦ってはいないのですが、今後自分がどう恋愛していけばいいのかと思い悩みます。

まともに恋愛したことがないのも問題だと思うので、何かいいアドバイス頂けたらなぁと思います！ よろしくお願いします。

ゆっこさん（22歳・大学生・千葉県）

人間関係に悩める少女のみなさんのお悩みを拝見して、共通しているのは、「自分がどうしたいか？　ではなく、周りの目を気にしながら生きている」ということだと感じました。

「妥協した部分にかかわる友人に申し訳ない気持ちでいっぱいになる」という、ゆいさん。

女友達が自分が片思いしている人と付き合っていたというｍａｒｉｎｅさんは「ずっと3人で仲良くしていくいい方法はないでしょうか」という。

「価値観の合わない友人と無理せず付き合っていくことはできるのでしょうか」という、もちぐまさん。

みなさん、自分を押し殺してでも、人間関係を「保とう」として、悩んでいるんです。

自分を押し殺してまで、保つ必要のある人間関係なんてありませんよ！

もちろん、仕事の関係の場合は、少々の我慢や譲歩、気遣いも必要になってきます。でも、少女のみなさんのお悩みはプライベートな関係ですから、そもそも「保つ」ことを目的に作る関係じゃないんです。

バイト先で片思いをしている、というｍａｒｉｎｅさん。相談していた女性が片思いの相手と交際していることを知って「ずっと3人で仲良くしていくいい方法はないでしょうか?」と僕に相談してくれていますが……。その3人で仲良くし続けることに、意味はないと思いますよ。バイトを辞めて、バイト先を変えるなどして、新天地で第一歩を踏み出したらいいんじゃないかと思います。

自分の本当の気持ちを押し殺して「いい人になろう」とすればするほど、空回りして、問題が起きたりして、最終的にいろんな人に迷惑をかけることってすごく多い。「いいとこどり」はできないんですよね。そんな労力をかけるよりは、新天地で新しい生活を始めるほうがずっといい。

「すべての人に分かってもらうのは難しい」と感じているゆいさん。そのとおりです。イエスというのはラクだけど、ノーという時はつらいものです。でも、ノーと言うことが周りの人にとってもいい判断だ、ということもあるものですよね。その瞬間の雰囲気を損ないたくなくて、ついイエスと言ってしまったがために、「あの人は優柔不断だ」というレッテルを貼られることもある。学校でもサークルでも、複数の人が集まる場所では意見が合わないことは当たり前なんですから。

みなさんのお悩みは、「関係を保つ」ために、何らかの無理をしようとしているから、出てくる悩みのように感じます。

人間関係は、自分のやりたいこと、したいことをちゃんと伝えて作っていくものだと思うんです。もし、それで嫌われたとしても、仕方がないじゃないですか。「合わない人」なんだからしょうがないです。


人間関係の基本は「あるがまま」だと、僕は思っています。

---

akkyさん（21歳・大学生・東京都）

大学生です。

私は母子家庭で育ったのですが、まわりがゆとりに見えて仕方ありません。

授業は簡単にサボるし、でも自分が忙しいことばっかり強調して。

親からお金貰っているくせに。両親がいて裕福な家庭で育ったくせに。

やることは人に押し付けて遊んでばかりいる大学生が妬ましいです。

わたしもそれほどまじめなわけじゃありません。貧乏ということを自覚せずにここまで生きてこれました。

でもやっぱり、大学という場所はひときわどうしようもない人間の集まりのようで、

ここにいたらだめになってしまう気がします。わたしはやりたいこともあるし、部活も頑張っていますが、そういう人たちの中にいるとたまに心が折れそうになります。
修造さん、他人を妬んでばかりいるわたしに、他人を気にせず突き進む勇気をください!!

僕は経済的な苦労をすることもなく、恵まれた人生を送ってこられたと思っています。似たような家庭環境で育った友達も多かったですけど、「裕福だからやることは人に押し付けて遊んでばっかり」というわけじゃない、と思うんですね。お坊ちゃん育ちでもちゃんとしている人はしていますから。

それに、ａｋｋｙさんは、「他人を妬《ねた》んでばかりいるわたしに、他人を気にせず突き進む勇気を下さい」と締めくくっているように、悪いのは「裕福な大学生」ではなく、そんな彼らを気にしてしまう自分だ、っていうことは分かっているじゃないですか。

分かっているのなら、話は早いです（笑）。

そう、あなたの言うとおり、気にしなければいいんです。

恵まれた環境であることをいいことに、遊んでばかりいる人は、後で確実に苦労します。そういう人をたくさん見てきましたから。当たり前のことですが、経済的に恵まれていても努力は必要なんですよね。それにね、「妬む気持ち」、つまり嫉妬って、自分にとってプラスにならない感情だと思うんです。嫉妬している時も気持ちがいいものじゃないですし、嫉妬ばかりしている自分にも落ち込むでしょう？　嫉妬ってするだけ損ですよ。他人に嫉妬できる時間があるなら、その分、寝ていたほうがましだと思います。

どうせなら、妬む人じゃなくて、妬まれるぐらいの人になりましょうよ。

「あんな風に遊んでいて、今は楽しいかもしれないけれど、後で大変な目に遭うんだろうな」

って思ったら、嫉妬する気も起きないでしょう？　彼らが大変な目に遭っているころには、あなたは努力した結果が出て、妬まれるような立場になっているんですから。

「今に見てろ」

って思ったら、彼らのことなど、気にならないはずです。

母子家庭で、あなたも、お母さんもいろいろと大変だったことと思います。

でも、あなたに経済的な心配をさせずに育ててくれたお母さん、すごいですよね。そんなお母さんの娘さんであることは、ほかの人から見たら「うらやましい」ことかもしれませんよ。

持っていないものに目を向けるのではなく、「持っているもの」の大切さを考えてみたら、嫉妬する気持ちも失せちゃうんじゃないかな、って思います。

人間関係に悩む少女たちへ

わがままではなく
あるがままに

少女のお悩み その④

家族のことで悩んでいます……。

MESSAGE 001

6つ上の兄がいます。高校を卒業してから特に仕事に就くことなく、スロットで稼いでいた兄でしたが、私の大学進学をきっかけに英語の専門学校に入り、昨年度卒業しました。

ですが、やはり就職先は見つからず、いわゆるフリーター状態です。

今年27歳になる兄は、今後どうなってしまうのでしょう。

そしてどうすることが、彼にとっていいのでしょう。

私も今年から就活ですが、兄のことも心配です。

のんびりした性格の本人も、さすがに焦り始めているようです…。


よっちゃんさん(21歳・学生・神奈川県)

MESSAGE 002

松岡さん、こんにちは。私には高齢の祖母がいます。実家でずっと同居していたのですが、私が家を出たため今は離れた所に住んでいます。

会うのは年に数回。けれど、優しく接することができません。元々、性格が合わず、久しぶりに会っても、話を早く切り上げてしまったり、イライラした口調になってしまいます。

祖母も高齢のため、痴呆が出てきて、足腰も弱くなりました。電話で話すと元気なのですが、あと何回会えるだろうかと考えてしまいます。

どうしたら祖母と良い思い出を残せるでしょうか。

アドバイスお願いします。

北欧さん(22歳・学生・東京都)

MESSAGE 003

妹と二人暮らししていますが、家事を何も手伝ってくれません。お腹を空かせている妹にご飯を作り、自分でお皿を洗っていると惨めな気持ちになります。私がしなければ、洗濯物は山積みになり、部屋も汚れる一方です…

可愛い妹だからこそ、全てをやってあげているのですが、イライラしてしまうことがあります。どうすればよいでしょうか??

怠惰な妹には、役割を決めても何を言っても効果がありません…ですが、このままだと妹が何も出来ない子になってしまいそうで不安です。

ミミさん(24歳・学生・東京都)

MESSAGE 004

わたしがまだ小さいときにいっしょに住みはじめた義理のお父さんと、いまになってもうまく話したり、なかよくしたりできません。どうしたらいいでしょうか…

ながれぼしさん(19歳・短大生・神奈川県)

MESSAGE 005

私は現在大学生で実家を離れて生活しています。

学費も生活費も親に払ってもらっていて本当に申し訳なく思っております。

親は大丈夫だよといってくれているのですが何か恩返ししたい気持ちでいっぱいです。

しかし、私の親は欲しいものは自分で買うから気にしないでというスタンスの為何をすれば喜んでもらえるのかが私にはわかりません。

ちなみに実家には２カ月に１度くらいは帰っています。

なので親に顔を見せる以外で何かいい方法はないでしょうか。

よろしくお願いします。

ｍａｒｉｎさん(20歳・大学生・東京都)

家族についての少女のみなさんのお悩みを拝見して、僕は嬉しいな、と思いました。なぜなら、あなたたちは本当に優しくて思いやりがあって責任感、正義感が強いんだな、と感じたから。自分のことばかりでいっぱい、いっぱいになって、周囲のことにまで気を配れない人が多い世の中ですから、まだ若い少女のみなさんが思いやりを持っていることは、とても素晴らしいことだと思います。

でも、その責任感の強さ、正義感の強さゆえ、「自分がなんとかしなくちゃ」とか「自分が悪かった」と、ひとりで抱え込んでしまいそうな気がしたのも事実です。確かに、家族の誰かに問題が起きたら家族として一緒に解決していくべきだと僕も思います。でも、最終的には問題を抱えている「本人」がどうしたいか？　なんですよね。**本人が行動しなければ、何も変わらないんです。**

たとえば、６歳年上のお兄さんが定職につかないことを心配しているよっちゃんさん。お兄さん思いの優しい妹さんで、きょうだいの仲がいいんだな、って思いました。よっちゃんさんは、多分、こういう状況でいちばん、つらい思いをしているのはお兄さん自身だということもちゃんと分かってあげている。だから「お兄ちゃんが自分で行動しようとするきっかけを作る」

ことをしたらいいんじゃないかな？　って思いました。よっちゃんさんが大学進学したことで、お兄さんも専門学校に進んだように、妹の行動に触発されて行動しているように、また、そういう機会がやってくるんじゃないかな？　って思います。

「○歳までに○○する」とか、「○歳なら○○しているべき」というように、就職とか結婚とか出産とか、人生の大切な節目を年齢で区切る習慣が日本人には根強くて、それに縛られると苦しくなってしまうものですよね。でも、本当はその人それぞれに、タイミングというものがあって、そのタイミングが世間でいう「○歳まで」、「○歳なら」に一致するとは限らない。無理に当てはめようとすると、自分の心の声を無視することになってしまって、後で「やっぱり、あの時○○しなければよかった」なんて後悔をすることになりかねない。だから、**自分の心の声をちゃんと聞くことが大切なんじゃないかな？　って思うんです。**

それと、親子関係や兄弟姉妹の関係も、その家庭ごとに違いますよね。**「親子なら、こうするべき」とか「きょうだいなんだから、これぐらいしなくちゃ」っていうのも思い込みにすぎないと僕は思っています。**一般的に「こうだ」と思われていることを、受け入れられないこともたくさんあるし、家族だからこそ、感情がこじれることもたくさんあるのは、「親子だから」、

「きょうだいだから」、「家族なんだから」って決め付けをしすぎていることが原因でもある、と感じるからです。

「家族の一員として、私はこうしたい」とあなたが思ったとしても、別の家族はそうは思わないことも多々あるんですよね。少女のみなさんには、まだ想像できないかもしれないけれど、乙女になって、淑女になって、と年齢を重ねてゆくごとに、「家族の意思がバラバラ」なことを知る機会が増えてきたりするんですよ（笑）。

家族であっても、一人ひとり、違う人間なんですよね。

「家族の仲がいい」、「きょうだいの仲がいい」というのも理想です。でも、実際には、仲良くない家族もたくさんいますよね。それを誰かがひとりの力で「なんとかしよう」としても、なんとかなるものじゃないですよね。ずっと仲が良かったのに、ある出来事をきっかけに不仲になることもありますよ。

ただ、家族の良いところは、それでも家族、ということだと僕は思います。普段は仲が悪そうな姉妹が、「いざ」という時に絶妙なコンビネーションを発揮したりする（笑）。傍《はた》から見ていると、「そんなに気が合うなら、普段から仲良くすればいいのに」なんて思うんだけど、その姉妹にとっては「いざ、という時に一致団結」という関係がベストなんでしょうね。**傍目にはどんな風に見えても、お互いが思いやっているということが大切なんじゃないかな？　って僕は思うんですよ。**

月さん（21歳・学生・東京都）

昨年のことです。祖母が突然の癌で亡くなりました。もう助からないことは分かっていましたが、身内一同「早く元気になってね！」とお見舞いに行くことしかできませんでした。

表面的な会話を交わしたのを最後に祖母は亡くなりました。

私は今でも後悔しています。あの時、もっと他のことを話せば良かったと振り返ってしまいます。

何を話すべきだったかは今でも分かりません。でも、最後にお見舞いに行ったあの時、あんなに表面的で当たり障りない会話で逃げた自分が許せません。

月さんは、ちっとも逃げていませんよ。おばあさんは、お見舞いに来てくれて「早く元気になってね！」って言ってくれたことが嬉しかったと思います。月さんはまだ、若いから、お見舞いされる側の経験がないかもしれないんですけど、病気の時は体力も落ちているし、気力もなくなっていることが多いんですね。だから会話の内容って、さほど重要じゃないんです。それよりも、「お見舞いに来てくれた」ことや「心配してくれている」、「元気になることを願ってくれている」ということだけで、十分に嬉しいんです。まして、おばあさんにとって、月さんは血のつながった孫でもあるわけです。**おばあさんにとって、月さんは「そこにいることだけで嬉しい」存在なんです。**

僕は、そんな風におばあさんのことを思いやってあげられる、月さんの優しさが素晴らしいと感じました。いただいたメールだけでも僕にも優しさが伝わってきたんですから、おばあさんはもっともっと、月さんの優しさを感じたはずですよ。

おばあさんは、月さんがイキイキと毎日暮らしていることを願ってくれていると思いますから、月さんが今も、「表面的な会話で逃げた自分が許せない」と自分を責めていることは、望んでいないんじゃないかな。

だからね、**もう自分を許してあげてください。**

家族のことで悩む少女たちへ

家族であっても
一人ひとり
違う人間なんだ

少女のお悩み その⑤

就職活動に
気合が入りません……。

MESSAGE 001

私は今大学3回生で、これからいよいよ就職活動本番に突入します。就職活動となれば、当然エントリーシートや面接などで自分をアピールしなければなりません。
しかし、大学時代を平平凡凡と過ごしてきた私には、他の人より秀でるようなアピールポイントや経験が見当たらず、困っています。

自分ではアルバイトを頑張っていたつもりなのですが、ただシフトに多く入っていただけで、特に何を工夫したわけでもないため、「頑張った」と言っても説得力に欠け、明らかに周囲より見劣りしてしまいます。

一応、就活本やサイトを参考に自己分析などに取り組んでみてはいるのですが、アピールポイントが見つかるどころか、「責任感が強い一面もあれば、無責任な一面もある」というように、自分の性格すらわからなくなってしまうだけでした。

考えれば考える程、自分に自信がなくなってしまうのですが、そんな私はどうやって自分をアピールしたら良いのでしょうか？

もじゃさん（21歳・大学生・東京都）

MESSAGE 002

もうすぐ就職活動なのですが、自分はどうやって生きていきたいのだろうと考える日々です。

松岡さんは、今の若い女性に、どんな風に働いてほしいですか？

熱いアドバイスとメッセージお願いします!!

あやさん（21歳・学生・東京都）

MESSAGE 003

就職活動にまつわる悩みです。

私は現在就職活動を始めています。

現在は早くから始まるテレビ局の受験をしているのですが、なかなかうまくいきません。


テレビ局は早くに始まるから可能性を広げるために挑戦しようという気持ちで始めたのに、その対策だけで他のことが何も手につかず、今まで本気で頑張ってきたサークルにも全く顔が出せません。

サークルのみんなに事情は話したものの、まだ就職活動を始めている人が少ないせいか、理解を得られているのかもわかりません。


でも全ての事情を理解するのは無理だと思うので、自分のできることだけはしようと思い、みんなでやると決めた筋トレだけはやるようにしたり、自分の任された仕事は責任を持ってやっています。

自分ではこうする以外にいい方法は思いつかないのですが、練習も行けず、チームのメンバーからもはずれてしまっている気がして、どことなく寂しい気持ちで一杯になります。


なんとか両立する方法はないのでしょうか？

アドバイスをお願いします！

おがゆさん（20歳・大学生・東京都）

MESSAGE 004

今年で上京して三年。相談は就職についてです。

やりたい仕事をしようと思えば、やはり都会にいた方がいいと思います。私の田舎は就職先が少ないからです。

一方、親は帰ってこいと言います。実家の近くで就職も結婚もして欲しいらしいです。

考えにはあまり賛同できないけど、最近両親とも病気しがちで心配なのも確かです。

「もし急に倒れたら？」と考えてしまいます。

…という訳で、どちらを選んでも後悔しそうです。

私が後悔のない選択をするにはどうしたらいいですか？

また、松岡さんならどちらを選びますか？

やこさん（20歳・大学生・東京都）

MESSAGE 005

今現在、アメリカに留学中の大学生です。

こちらに来る前は留学から帰ったらすぐに就職活動をするつもりでしたが、アメリカに来てから、自分の学びたいものができました。


しかし、早く社会に出て仕事がしたい、という気持ちもあります。

どちらの道を選ぶのがよいのでしょうか。

まこさん（21歳・学生・米国）

MESSAGE 006

もうじき就職活動を迎えるのですが、修造先生のような熱くて元気なイメージを、どのようにしたら面接官に伝えられるでしょうか？

アンジュリーさん（22歳・学生・神奈川県）

就職についてのお悩みを拝見して感じたことがあります。

みなさん、すごく一所懸命で、真面目に将来のことを考えている。それは、すごく良いことだと思います。

ただ、なんだか「深刻に考えすぎている」と言ったらいいのかな？　極端なように感じるんですよね。20代前半の決断が、将来をすべて決めてしまうように感じているんじゃないかな？という印象を持ちました。

僕自身も20代のころは、「早く○○しなくては！」みたいな焦りをたくさん感じたので、みなさんの気持ち、よく分かります。時間の感覚が速いというか、「時間がない」ような感じがしちゃうんですよね。

でも、**40代になってみて実感しているのは、20代前半の時に思い描いたのとはまったく違う出来事がたくさんあったし、想像していたのとは違う人生を歩んでいるけれど、決して後悔していないし、楽しい、ということです。**

20代前半で描いたヴィジョンどおりには、人生は進まないものなんですよね。

だから、「今のこの決断が一生を決める！」というわけじゃない、ということを知っておいて欲しいな、って思います。

僕自身もそうだけど、僕の周りでも転職している人はたくさんいますし、社会の変化とか、結婚とか出産とか、そういう事情で人生は変化していくものでもあるんですよね。

自分の将来のことを真剣に考えるのはとても良いことです。でも、深刻になりすぎてしまっては、自分の心の声を聞くことができなくなると思います。

たとえば、上京して3年、というやこさん。「田舎に戻るか、東京で就職するか」で迷っているようですが、僕はやこさんの人生は、やこさんがいちばん、イキイキと過ごせる道を選んで欲しい。それは、やこさんの親御さんも同じ思いだと思うんです。「田舎に帰って来い」と親御さんが言うのは、今、東京で暮らしているやこさんが「イキイキしていない」ように見えるから、じゃないかな？　だから「帰ってきて欲しい」って言ってしまうんじゃないかと思うんです。僕は都会育ちなので、田舎に帰るかどうか？　という選択をしたことがないですけど、人の子の親になってみて、親の気持ちとして、「イキイキできないのなら、親である自分のそばにいれば何かと助けてあげられる」と思うだろうな、って感じたんです。

自分の人生も、決めるのは自分自身です。それにね、何かあったら、その都度、軌道修正し

ていけばいい、って思うんです。僕が20歳の女の子だったら、東京で就職する道を選ぶと思うんです。いずれ、田舎に戻るかもしれないにしても、東京で「働いていた」ということは、田舎で就職先を探す時にもプラスになるでしょうし、就職先の少ない田舎、という現実をちゃんと理解できる経験にもなるだろうから。ご両親が倒れたら、ということを心配しているようだけど、それはその時になって考えるべきことじゃないかな?

今、アメリカに留学中のまこさんにも、言えることなんですけど、留学という経験によって新しい自分に出会えたのは素晴らしいことですよね。留学する前にはまったく予想も計画もしていなかったわけですから。そういう機会を得られたのならば、「今、自分は何がしたいのか?」、「何が大切なのか」をもう一度、考えてみて欲しい、と思います。それが、軌道修正、でもあるからです。

そうやって時間を積み重ねていって人生は作られていくものなんですよね。

中途半端な気持ちで選択したことは、必ず後悔となって返ってくるものです。だから、真剣に考えて欲しいけれど、深刻になりすぎないようにもして欲しいな、とも思っています。

ゆずさん（23歳・学生・新潟県）
就職活動を続けていますが、いまだに内定をもらえません。
今までの人生で必死になったことがないような気がしています。
どこかで逃げ道を作っているから本気になれません。
必死ってなんですか？
どうしたら熱い気持ちを持てるんでしょうか？

まず、「必死」って言葉を辞書で調べてみました。

【必死】
1　必ず死ぬこと。
2　死ぬ覚悟で全力を尽くすこと。また、そのさま。死にものぐるい。
3　（「必至」とも書く）将棋で、次に必ず王将が詰む、受ける方法がない状態。
　また、その差し手。

『デジタル大辞泉』（小学館）より

とありました。就職活動で死んでしまったら困るから、そこまでやる必要はないです（笑）。きっとゆずさんは、「就職活動に全力を出し切っていない」と感じているんですよね。だから、悩みにぶつかっている。でもね、誰もがそこまで頑張っているか？　というとそうではないと思うんですよ。僕自身も手を抜いたことはたくさんありますから。

大切なのは、ゆずさんが今、「逃げている」ことをちゃんと分かっていること、なんだと思います。「逃げ道を作って、それでいいや」というのは「ダメだ」ということがちゃんと分かっているじゃないですか。

逃げ道を作っている、でもその一方で、「どうしたら熱い気持ちを持てるんでしょうか？」と言っているように真剣に考えてはいるんです。それが、今のゆずさんの状態ですよね。だったら、「どうして逃げ道を作ってしまうのか？」ということを考えてみてください。

今までの人生、全般に「逃げ道」を作ってきたと感じているんですよね。今、それを変えるチャンスがやってきているんです。

その答えが分かった時に熱い気持ちを持てるようになりますよ。

就職活動に悩む少女たちへ

真剣だからこそぶつかる壁がある

少女のお悩み その⑥

彼氏のことで悩んでいます……。

MESSAGE 001

私には付き合ってもうすぐ2年になる彼がいます。

彼の仕事が上手くいかず、デート中でもイライラしている彼に対して、私も寛容に受け止めてあげようとはするのですが、それがなかなかできません。

思わず私も黙りこくって険悪なムードになってしまうこともしばしば…どうすればもっと寛容になれますか？

サザエさん（21歳・大学生・東京都）

MESSAGE 002

付き合って7ヶ月の彼氏がいます。

付き合ってすぐに浮気され、最近も私に黙って女と遊びに行っていました。

それから自分の彼氏への束縛がひどくなっています。

彼氏は「浮気なんてしないから、心配するな」と言いますが、なんでもかんでも疑ってしまいます。

彼氏を信じたくても信じられません。

どうしたら心から信頼できるようになると思いますか？

修造さん教えてください。

らいちゅうさん（20歳・学生・新潟県）

MESSAGE 003

3歳上の社会人と付き合っている大学生です。彼氏はインターネットのベンチャー企業でエンジニアをしています。

仲がいいとは自負しているのですが、彼が話してくれる「仕事の話」が意味不明すぎて悩んでいます。


「mysqlにphpのpear使ってアクセスしようとしたんだけど上手くいかない。wordpressはインストールしたけれど、pearはすでにインストールされているんだよね。MDB2.phpをrequireすればいいのかな。サーバーアドレスはどうするんだろう？」

実に、はつらつとした表情で話しかけてくるのです。まるで言葉が通じない異国に来たようです。


私は新聞社に就職が決まっている超アナログ人間、コンピューターに関してはワープロ機能と電源の入・切しか分かりません。

彼を理解するべく、いつも頻繁に席を立っては聞いた用語をトイレでメモしています。惨めです。しかし、そこまでしてもなお、未だに彼の話の意味が全く分かりません。

どうすれば、彼の仕事をわかってあげられるのでしょうか。

松岡さん助けてください。

TAMAさん（21歳・学生・東京都）

MESSAGE 004

付き合って3年以上経つ彼氏がいます。

愛されていることは分かるし、お互いに好きですが、デートなど少しマンネリです。

マンネリを解消するなにか良い方法を教えて下さい。

みいさん（22歳・学生・神奈川県）

20代前半の若い女性が、彼氏に対して寛大になろうとしていることに驚きました！
21歳のサザエさんからは、「どうしたら彼に対して寛大になれますか？」という相談をいただきましたが、21歳で寛大になれる女性がいたら、僕が結婚したいくらいですよ（笑）。

ただ、男というものは僕も含めて弱い生き物なんですよね。いざって時は、絶対に女性のほうが強いと思う。でもね、男って若いころはそんな弱さを自分で認められない生き物でもあるんです。

「寛大に受け止めよう」として悩んでいるサザエさんは、彼が仕事で嫌なことがあったりすると、イライラしていてそれをぶつけられてしまうようだけど、仕事のことを彼女にぶつけるのはよくないって彼氏も分かっていると思いますよ。でも、僕自身も「家庭に持ち込まないようにしよう」、「妻にぶつけないようにしよう」と思っていても、つい、そうしてしまう時がある。「いけない」って分かっていても、彼女や妻に甘えてしまうんですよね。それも、男の弱さだと分かっているけど、やってしまうんです。

恋人であれ、夫婦であれ、男と女の関係ってそういう「頼ったり」、「頼られたり」というのが切っても切り離せないものでもあるんじゃないかな？　ただ、恋人時代は多少、お互いに遠慮があるけど、結婚して家族になると遠慮がなくなってきて、だからケンカも増えるんだと思います。関係が長くなればなるほど、結婚していようがいまいが、彼女や妻が自分のために何かしてくれるのが「当たり前」になってきて、「言わなくても分かるだろ」ってなる。男の習性みたいなものかなあ？

たとえば、男って「記念日にビシッと決めればＯＫ」みたいに思い込んで、「誕生日に○○した」ということに、日頃の感謝とか愛情を注いだんだ、って思いがちなんですよね。でも、女性は「毎日の生活の中に小さな『ありがとう』がたくさん欲しい」って思うんですよね。頭では僕もそういうことは分かっているんだけど、なかなか実践するのは難しいですね。

「頼れる存在がいる」、「甘えられる存在がいる」ということは男女の違いに限らず、幸せなことだと思うんです。だから、多少はお互い様ですよね。でも、僕が思うのは、**「甘えているだけで前進しない」のはただの依存だ、ということ。**ちょっと甘えさせて、頼らせてもらって、そこで気持ちを立て直して前に進むことが大切ですよね。だから、彼には、

「愚痴なら、私がいっぱい聞くよ。それであなたが頑張れるなら、いくらでも聞くよ」

と、愚痴で終わらせない言葉をかけてあげたらいいんじゃないかな？　って感じました。

浮気についても、男のダメさの象徴のようなものだから、決して肯定はできないですけど、女性に知っておいてもらいたいのは、男としては「彼女をキープしておきたい」という思いはあるんです。でも、束縛され、詮索されることが続くと、逃げたくなる。一方で女性は不安になればなるほど、束縛するし詮索もしてしまうんですよ。悪循環に陥《おちい》って、それで別れるケースも少なくないですよね。

彼氏が自分に黙って他の女性と遊びにいっていた、というらいちゅうさんのお悩みも、もっともだと思うんです。でも、男女の考え方、感じ方は違うことも多いから、まずは自分が「されていやなこと」を最初に彼氏に言っておくといいんじゃないかな？　って思います。らいちゅうさんの場合なら、

「黙って他の女性と遊びに行く」のは嫌だったわけですよね。じゃあ、事前に聞いていたらOKでしたか？　もし、言ってくれたら気にならないのであれば、彼に、

「他の女性と食事するのはダメとは言わない。でも、ちゃんと言って」

という約束をしておけばいいと思うんです。

浮気、についても、「何が浮気なのか？」について二人の間で定義を決めておいたほうがいい

ですよね。他の女性と二人きりで食事に行くのは、らいちゅうさんにとって、「浮気」になるのなら、私はそういう風に考えている、ということを彼に伝えたらいいんです。ただ、仕事で男女が関わることが増えている今の時代ですと、「二人きりで食事」を浮気にしちゃうと大変なことになるかもしれませんから、その辺りは、彼と話し合って決めていったらいいんじゃないかな、と思います。

まこさん（21歳・学生・米国）

今現在、私が海外、彼が日本という環境での遠距離恋愛をしているのですが、彼とはあまり連絡を取っていません。

1カ月に1回e-mailの交換をするのが常です。

最近自分の気持ちがわからなくなってきたのですが、どうすればいいでしょうか。

自分の気持ちを伝えたいのですが、彼は就職活動中なので刺激を与えるようなことはしたくないな、と思っています。

まこさんと彼がどのぐらいの期間、遠距離恋愛をしているのかが分かりませんが……。「月に1度のメール交換」というのは、僕にはちょっと寂しいように感じました。恋愛って、会いたい、連絡したい、って思うものじゃないですか。僕が21歳のころは、海外と日本との遠距離恋愛の連絡手段といったら、電話か手紙しかないような時代でしたけど、今は、パソコンでのメールはもちろん、携帯電話でもメールできますよね。お金をかけずに連絡できる方法が増えたのに、月に1度のメールで我慢できるのが、不思議です。そして、そのやりとりだけでは、今のお互いの気持ちなんて、分からないですよね。だから、早く、お互いの気持ちを確認し合ったほうがいいな、って感じました。

彼が就職活動中だからって、気にすることはないですよ。その状態になっていったのは、彼自身の責任でもあるわけだし、**大切なのは今のまこさんの気持ちなんですから。**彼はもしかしたら、まこさんからの連絡が少なくて寂しいと思っているかもしれません。でも、「海外で頑張っているのだから、我慢しよう」って、彼のほうも気を使っているのかもしれない。そういう彼の気持ちを知ったら、まこさんの気持ちも、また、変わるんじゃないですか？　でも、このままでは、お互いがお互いに気を使い合って、疎遠になって、自然消滅してしまいますよ。

気を使い合っていることで、誤解を生むことってたくさんあるんです。

ジュニアの指導をしていても、親子で思いやっているあまりに、本当の気持ちを知らなくて、子供がプレッシャーを感じていたり、親が子供の気持ちを知らないでいたりすることがたくさんある。一緒に暮らしている親子でも、そういうことが起こるんです。離れて暮らしていたら、なおさら、気遣いがすれ違いになると思うんです。


「忙しい、と思ったからメールを控えていた」

と思っていたのに、

「忙しいからこそ、メールが支えになる」

と感じていたのだとしたら？　それで恋が終わってしまうのは、もったいないじゃないですか。**自分の気持ちが分からないぐらい、不安になっているのなら、それを相手に伝えて欲しいなって思っています。**

彼氏のことで悩む少女たちへ

甘えているだけで前進しないのはただの依存だ

悩める淑女の
みなさんへ

淑女のお悩み その①

夫のことで悩んでいます……。

MESSAGE 001

結婚して1年しか経っていないのですが、夫にドキドキしません。服装も気を使わなくなって、「夫」というより「お父さん」。

既婚の友人は、「心の愛人」を見つけることが一番、と言いますが、本気になってシャレにならなくなりそうで怖いです。

どうしたら、再び夫にドキドキできるでしょうか？

キティさん（32歳・会社員・東京都）

MESSAGE 002

最近、育児をする男のことを「イクメン」と呼び、流行しているようですが、うちの夫がまさにソレで、正直なところ、うっとうしいです。家にいるときは、「ママ、こうしたら？」などと、私の育児に口を出してきます。娘はまだ３歳です。
日中、子供とふたりで過ごしているので、母と子のペースで過ごしていますし、日中の娘の様子を踏まえて、夕食や入浴などを考えているのに、昼間のことをなにも知らない夫が、娘が早く寝た、というような些細なことでいちいち「具合が悪いんじゃない？」などと言ってくるのがうっとうしくて。
イクメン気どりになったのは、今年に入ってからです。私としては、イクメンを気どるぐらいなら、仕事を頑張って欲しいのですが。

ハルさん（31歳・主婦・東京都）

MESSAGE 003

結婚生活11年目の主婦です。子供がおらず、お互い仕事を持ち、休みもバラバラでずっと忙しい日々を送ってきました。

たまに休みが重なっても、大して喋ることがなく、これまで仕事の話や悩みなど相談し合うこともなかったので、どう接していいか戸惑ってしまいます。

かつては一番なんでも話し合えたはずなのに、今では互いに一番気を使うようになってしまいました。

かといって、自分から無邪気に話しかけたり、何処か行こうと提案する気にもなれず…

どうしたら、以前のような関係に戻れるでしょうか？

くろたんさん（35歳・自由業・東京都）

MESSAGE 004

家事をしない夫に不満があるのですが、うまく伝えられません。

結婚前に「共働きの間は家事は二人で」と合意していたのですが、実際は私だけがしています。

二人とも帰宅時間がまちまちで、土日に仕事が入ることも多々あるので、担当を決めても実行できません。どうしたらいいでしょうか。

しげさん（31歳・会社員・東京都）

MESSAGE 005

はじめまして。今回、修造さんにご相談なのですが実は主人は修造さんに似ております。

恋は盲目？？なのかもしれませんが…

職場の女子からラブレターやプレゼントをもらう事も…

結婚しても素敵でいてくれるからだと思いたいのですが時々不安になってしまうこともあります。

このような気持ちは、どのように処理したら良いものか…。

修造さん何か良いアドバイスを宜しくお願いします。


秘密のあっこさん（33歳・主婦・神奈川県）

MESSAGE 006

結婚3年。1歳の息子と3人暮らしです。夫の「偏食」に悩んでいます。夫は、煮物・酢の物・漬物が一切ダメ。逆に好物はカレー・ナポリタン…とまるでお子様メニュー。でも、ここまではまだ許せるのですが、私が一番困っているのは、とにかく材料を「刻む」手間がかかること。食べられる野菜もかなり限られているのですが、大きい野菜がとにかくダメで、焼きそばに入っているキャベツの芯などはもっての外。野菜炒めの場合は、基本ピーマン・タマネギなどをもやしと同じくらいの細い千切りにします。そして、それを、1本ずつ食べるのです！　1本ずつですよ！　まとめて食べるから野菜炒めなのでは？と思うのですが、だからと言って野菜1種類では手抜きらしいのです。
主人いわく、包丁を入れた数＝「愛情」の量と信じているようで、　私にしてみれば手がかかり過ぎます。うちに遊びにきた友人には「離乳食？」と笑われたほど具が小さい我が家の料理。先日、1歳の息子が一口で食べたミートボールを、主人は「大き過ぎる」と言って、1/4に切って食べていました。息子には何でも豪快に食べるダイナミックな子どもに育ってほしいのですが、この主人のわがままはどこまで許すべきなのでしょうか？　是非とも、良きアドバイスをお願いいたします。

ゆずんぼさん（39歳・主婦・東京都）

MESSAGE 007

同い年の夫と結婚して5年目、32歳の女性です。子供はまだおらず、フルタイムで2人とも働いています。起きている姿を見るのは週末ぐらいです。ご相談したいのは夫の甘え。家のことをやるのはゴミ捨てぐらいで、そのほかはすべて私です。徹夜をして帰った土曜の朝でも「腹が減った」と起こされることも。また、家計でも光熱費以外の家賃や食費は出してくれません。半分にしようと訴えると、「収入格差があるから嫌だ」（うちは私のほうが収入が上です）といわれてしまいました。将来、子供ができて私の収入が激減したときのことを考えると不安です。更に子供と、子供のような夫のメンドウを見ると思うとより不安が増します。どのように夫をオトナにしたら、なってもらったらいいでしょうか？　**山の上の妻さん（32歳・会社員・東京都）**

この章では、淑女のみなさんのお悩みに答えていきます。
みなさんからいただいたお悩みを拝見して、「女性は、本当に大変なんだなあ」と実感しました。男って「男性である」という理由だけで、自然と避けられることがたくさんあるんですね。でも、それは、女性が代わりに引き受けてくれているんだな、って思いました。僕も妻に感謝しなくては、と改めて反省しました（笑）。

そんな淑女のみなさんは、やはりと言いますか……。ご主人のことで悩んでいる方が多いようですね。
「家事をしない夫に不満がある」というしげさん。その一方で、「夫が育メン気どりでうっとうしい」というハルさん。キティさんは「夫にドキドキしない」というのに、秘密のあっこさんは「夫がモテるのが不安」と悩んでいる……。夫婦の関係はいろいろあるんだなあ、と思いました。

色々なお悩みがありますが、**夫婦の関係の基本として僕は「責めるのではなく、相手にスペースを与えることが大切」だと思っているんです。** 僕はテニスという、「相手が取れない球を打つ」意地悪なスポーツをやっていたので、相手を責めたり追い込んだりするのは得意なんですが（笑）、人間関係、とくに夫婦関係でこれをやったらダメですよね。相手にスペースを与えずに、

「家事を手伝ってよ！」

と責めたら、ご主人は無意識のうちに防御態勢に入ってしまいます。「忙しいから」とか「後でやる」とか、「やったらやったで、お前は文句を言うだろう」とか反論してきて、いずれにしても夫婦げんかに発展してゆくのは間違いないでしょう。

そうは言っても、奥さんが忙しくしている時に、ご主人がボーっとテレビを見ていたら、

「私がこんなに忙しいのに、なんで、平気で座っていられるのよ」

とイライラするのは間違いないですよね。

あなたがイライラすることを僕は望んでいませんし、

「夫婦げんかにならないようにするには、あなたが譲歩すればいい」

とも思っていません。ただ、「結婚前は家事を手伝うって言ったじゃない！」とか、過去の発言を引きあいにして「話が違う」とご主人を責めるのはやめましょう。過去を引きあいにしたら、ご主人にだって言い分があるかもしれません。

「お前だって結婚前はもっとオレに優しかったじゃないか」

など、言いたいことを言われてしまいますから、**過去のことは過去と思い、「これからどうするか？」という建設的な方向に夫婦で話し合って欲しいな、と思います。**

多分、多くの淑女の方は「家事を手伝ってくれない」という事実よりも、「家事の大変さを分かってくれていない」ことにイライラするんじゃないでしょうか。意外に思われるかもしれませんが、僕は現役時代、海外での遠征の時は洗濯をはじめ、自分の身の回りのことはすべて自分でしていました。だから、今でも苦にはなりませんし、こうした細かいことがどれだけの労力がかかるか、を体験しているので知っています。でも、男性には、家事や日常の身の回りのことがどれだけ労力がかかるか、を知らない人が多い。そのため、奥さんへの思いやりが不足しているのではないでしょうか。

男女の関係は、恋愛から夫婦へと変わるにつれて、お互いへの思いが変化してくる関係でもあります。僕は幸いなことに、結婚してから年月が経つごとに妻への思いが強くなっています。結婚前は手をつないで歩くのが嫌だったので妻が手を握ってくると「バーン」と手を振り払っていましたが、今は僕から手をつなぎます。しかし、今は妻から「バーン」と振り払われてしまいます（苦笑）。その度に、男と女というものは、微妙に価値観が一致しないものだなあ、と痛感しています。

けれど、**子育て、という点においては価値観を一致させておくことが大切だと思っています。**

夫婦それぞれの言い分や考え方はありますが、話し合って、どちらの意見がいいかを吟味しておく必要があると思うのです。「育メンを気どる夫がうっとうしい」というハルさんの気持ちも分からないでもないのです。男というのは、とかく、育児の「いいとこ取り」になってしまうものです。当然、子供は「いいとこ取り」なお父さんに甘えてしまいます。だから、お母さんたちは、「夫が甘い顔をするから子供が調子に乗る」とか「私ばっかり悪者になって」とイライラしちゃうんですよね。

でも、お子さんの立場になったらどうでしょう？

両親が揃って厳しかったら、子供は行き場を失くしてしまいませんか？　あなたが子供だったころも、お母さんが厳しかったら、お父さんが優しい。または、その反対、だったりしませんでしたか？　夫婦のどちらかが「いいとこ取り」している、なんて思うから腹立たしいのです。**子供のために役割分担をしている、と考えたら、腹が立つこともないはずです。**そして、ご主人が、どこから見てもいいとこ取りでしかない育児をしていても、笑顔で「ありがとう」と言うのです。何度も「ありがとう」と言われていたら、ご主人は、ますます協力的になってくれることと思います。

あなたの気持ちの持ちようで、見え方が少し、変わってきませんか？

ご主人にケンカ腰で文句を言っても何も変わらない、ということは淑女のみなさんもご存じだろうと思います。ならば作戦を変えて、もう一度、チャレンジしてみてください。

みうみママさん（37歳・看護師・東京都）

主人とは結婚12年目を迎えました。結婚してから色々なことがありすぎて、全てをお話しするのは容易ではありません。

5年前、3人目の子供が生まれてまだ3カ月目に、主人は脊髄損傷で下半身麻痺になり車いす生活を余儀なくされました。

以後、障害者である自分を受け入れているようで、でも本当のところはそうではない様子でした。

1年半前、テレビで松岡さんとナイナイの岡村さんとのテニスをみて、車いすテニスをはじめました。

車いすテニスをはじめてからの主人はやっと自分の居場所をみつけられたようです。練習を重ねていく中で、パラリンピックをめざしてはどうかと周囲から勧められ、今年から、国内、海外での大会に参加し始めました。

しかし、そんなに世の中甘くはありません。海外での試合は負けが続き、落ち込んでいる主人をどう励ましてよいのかわかりません。

●●●●●●●●●
正直、経済的にもかなり厳しい状況での参加で、結果を出さないといけないと思っているようです。
そんな主人と私に励ましのお言葉を頂けたらと思い、投稿させていただきました。
●●●●●●●●●

岡村さんと僕のテニスが、ご主人が自分の居場所を見つけるきっかけになれたこと、とても嬉しく思います。こうして、観ていてくれている方がいらっしゃることはテレビに出ている人間にとって、何よりも嬉しいことなんです。ご相談のメールをくださって、ありがとうございます。

パラリンピックを目指す、ということはプロを目指すぐらいのハイレベルなことですよね。これまでのご主人の努力、そしてご家族や周囲の方々のサポートがあってのことだと思います。そして、それが決して楽なことではないのも、よく分かります。

あまり知られていませんがオリンピック選手でも家族が資金面の問題を抱えながら、選手をサポートしていることは多々、あります。プロのアスリートが家族にいるということは、才能だけでなく、周囲のサポートがあってこそなんですよね。だから、選手本人もプレッシャーを感じてしまいますし、家族もそんな本人を前にどう励ましていいかわからない、という壁にぶち当たってしまうこともあるんです。

みうみママさんも、ご主人を励ましたい、と思っていらっしゃるんですね。

経済的に厳しい、ということについては、ご夫婦、ご家族で話し合って決めなくてはならないと思っています。ですから、僕は「パラリンピックを目指す」ということについて、僕の考えをお話しますね。

まず、お子さんたちに「お父さんがイキイキしている姿」を見せて欲しいな、って思いました。だから、ご主人もみうみママさんも、イキイキとテニスを続けて欲しいんです。そのために、目標を決めてはどうでしょうか。たとえば、「ロンドンまで頑張る」と決める。それまでは、本人も家族も全力で頑張る。途中で絶対に弱音を吐かないし、諦めない。途中、経済的な厳しさにぶち当たっても、「決めたこと」だと貫き通す。頑張って結果が出るのが一番ですが、万が一、結果が出なかったらテニスは趣味にするとか、違う道を選ぶと決めておくんです。

相当な覚悟と決意が必要だと思います。

でも、**全力で頑張った、という達成感は夫婦の、家族の宝物になると思います。全力で頑張ったお父さん、お母さんの姿は、子供たちにとっても一生の宝物になると思います。**

当事者じゃない僕がこんなことを言うのは無責任だと分かっているのですが……。

車いすテニスをしながら輝いているお父さんの姿を、お子さんたちに見せてあげて欲しいと思います。

夫のことで悩む淑女たちへ

相手にスペースを与える
心のゆとりを

淑女のお悩み その②

肉親との関係に悩んでいます……。

MESSAGE 001

共働きで結婚3ヶ月目です。私の母は「節約術」が大好きで、私が結婚したとたん、盛んに生活に口を挟むようになりました。価値観が合わずうるさく感じています。

例えば、「配っているポケットティッシュは沢山もらって家の中でも使う」とか「食器用洗剤は水を足して倍にする」とか「湯船に張る湯量を減らす」とか「ポイントサイトを毎日クリックする」などです。「トイレはできるだけ外出先で済ます」という呆れるものもあります。

私はチマチマした節約術に興味がありません。「常に節約節約と考えていること」自体にだってマイナス面があると思っています。第一、節約にかかずらっている暇があるなら、その時間稼いだ方がよっぽどお金は溜まるからです。

Aという物を溜め込むために、「A入れ」を手作りしたりだとか、ポイントサイトで30円手に入れるために1時間もPCをいじるとか、そういうのはもはや趣味の領域だと思うのですが、それを正義とし私を「再教育」しようとしているのが、どうにもうっとおしいのです。一つ一つを論破することはおそらく可能ですが、価値観の違いについて議論はしたくありません。私の生活に口を挟ませないような、ビシッと効く一言はありませんか？

こうもりさん(31歳・会社員・東京都)

MESSAGE 002

三人姉妹の次女です。長女と三女はすでに結婚して家庭を持っているのですが、私はいきそびれてしまい、いまだに実家暮らしです。昨年までは、親も「いい人はいないのか」などと言っていたのですが、36歳になったとたん、「ずっと家にいればいい」と言うようになりました。

先日、法事で親戚が集まったときに、母が「うちは真弓（私のことです）がいるから、（老後も）安心」と親戚に話しているのを聞いてしまいました。どうやら、親の老後の面倒をみることをすっかりあてにされているようです。

親がそんな風に願っているとしたら、"引き寄せの法則"を信じている私としては、その通りになってしまうような気がして不安です。

真弓さん（36歳・会社員・神奈川県）

MESSAGE 003

実母（65歳）が祖母（92歳）の悪口を言います。祖母は母の実母で、昔から祖母の悪口を言っていて、実の親子ながら折り合いが悪かったのですが、祖母は認知症になって施設で暮らしているので、もう、いい加減、許してあげればいいのになあ、と思うのです。

祖母は確かに、元気なころから、見栄っ張りでお金への執着が強かったので、私も子供心に「嫌だなあ」と感じたことは多々ありました。認知症となった今も、その辺りの傾向は変わっておらず、母にお金を取ったとか、洋服を買ってくれとか、言うそうです。「いつまで生きるのかしら？」と母は言います。

私からみると、母と祖母は程度の違いこそあれ、性格は似ていると思います。母が祖母のようになるのかと思うと不安でもありますが、今は、祖母の悪口をやめてもらいたいです。

しのぶさん（42歳・主婦・埼玉県）

MESSAGE 004

私は、10歳年が上の姉と仲が悪く、今まで、何回となく衝突してきたことで、頭の痛い日々を送っています。母の介護や、父の老人ホームの問題など、避けて通れないこともあります。人に相談しても、どの兄弟も仲がいいわけではないとか、距離を置いたほうがいいとか言われますが、私の一番のストレスの原因は、姉との関係にあるのです。いつか、釈然とした気持ちになれる日が来るでしょうか。
私は、独身で、姉は、結婚しています。姉が結婚したのは、私が、中学の時でした。その後、両親が、元気で、自営業をしていた間は、姉は、経済的にも、親に依存していました。私は、無理をして、自営業を手伝ってきました。姉は、専業主婦です。その後、私は、精神の病になり、結婚もあきらめました。そのようなことなど、色々、姉に対して、恨みのような気持ちがあります。このことをどのように、処理してよいか、わかりません。
姉が、父に経済的に頼っていた分、姉に父のことは、やってもらっているつもりですが、姉は、どのように捉えているかは、わかりません。義兄には、私とかかわりを持たないと言われました。今後、父の問題が、解決するまで、どのように、姉に接して良いのでしょうか？

けちさん（49歳・家事手伝い・三重県）

MESSAGE 005

最近、実家の事が気になります。
両親は、まだ家のローンなどがあるため、細々と自営業を続けていますが、この不景気では借金が増えるばかり。

長女としては、実家にもどってちゃんとした職について家計を助けたり、結婚して安心させてあげたほうがよいのかな、と思いますが、やっとダンスの仕事も増えてきた今、東京を離れられない自分がいます。

今は月に１度くらいの割合で実家にかえったり、仕送りをしたりしていますが、他によいアドバイスがあればお願いします！

蜜柑の木さん（34歳・ダンサー・東京都）

肉親との人間関係の悩みというのはつらいものですよね。関係性の根底には、身内、肉親という、切っても切れない縁があって、そこにはいろいろな感情がありますよね。子供のころはきょうだいの仲が良かったのに、大人になってから不仲になる。家族の病気や仕事上の問題などによって関係が気まずくなる場合もあります。

でも、肉親であってもどうしても「合わない人」がいるのも事実ですし、なにかの出来事をきっかけに「合わない人」になってしまうこともあります。

淑女のみなさんのお悩みも、さまざまなのですが、共通しているのが「家族としての今後」に悩んでいるという点だと思いました。他人であれば「縁を切りましょう」、「別れましょう」という解決方法もあるけれど、肉親だとそうはいかない。切っても切れない縁であるという事実が、みなさんを悩ませているのです。

家族だ、ということは相手を思いやる気持ちを薄れさせることでもあります。

「家族なんだから、言わなくても分かるだろう」

「家族なんだから、これぐらい当たり前だろう」

そんな風に思ってしまいがちなんでよね。でも、**家族だからこそ、「違う人間なんだ」ということを意識しなくてはならない、と僕は思っているのです。**たとえば、僕が車を運転している時に、「邪魔な歩行者がいる」と思うとします。けれど、その時、歩行者の人は「この車、邪魔だな」と思っているかもしれません。立場が変われば同じ出来事でも、見方が変わるわけです。違う人間がそれぞれの立場で意見を言い合えば、家族であろうとなかろうと、意見が違うのは当たり前なんですよね。「家族なんだから」、「肉親なんだから」という思い込みが、状況をややこしくすることもあると思います。

節約術が大好きで、生活に口を出してくるお母さんに困っているこうもりさん。あなたから見たら、お母さんの節約術はあきれてしまうものばかりなんですよね。でも、お母さんにとっては、この節約術は大切なことなんです。だから否定をしたらショックを受けてしまいます。それに、今は、お嬢さんが結婚して嬉しくて、いろいろお世話をしたい気持ちにもなっているのでしょう。

そこで、僕からひと言アドバイスさせてください（笑）。

「お母さんすごいね。私の分もお願い！」

褒めて、やってもらうのです。そのうち「やってあげる」のが面倒になったら、節約術に口を挟むこともなくなるでしょう。こうもりさんのケースに限らず、いろいろなシーンで応用できる言葉ですので、みなさんもぜひ、活用してください。

こうもりさんのように微笑ましい悩みがある一方で、親が年を取ってくる中で「老後の問題」、「介護の問題」という重いテーマが横たわるのも、親子関係ならではの傾向だと思います。けれど、僕は今、親は元気で「いつか、そういうことになったら」ということで悩んでいるのなら「今は考えるべきではない」と思うんです。なぜなら、今、ご両親は元気だからです。**介護のこと、老後のことを心配するのではなく、「ずっと元気でいるにはどうしたらいいか？」を考えて欲しいからです。**

それに、ひと口に「介護」といっても、どんな介護が必要になるかはその時にならないと分かりませんし、介護の状況によっては専門家の助けがないと難しい場合もあるかもしれません。

もし、親御さんが老後のことを心配しているのなら、

「そんなこと言わないで。いつまでも元気でいてくれなくちゃ」

と明るく励ましてあげたらいいと思うんです。

「親に介護要員としてあてにされている」という真弓さん。もしかしたら、お母さんは、あなたが実家にいることを居心地が悪そうにしていたから、気楽に実家にいられるようにと気遣って「あなたがいるから老後も安心」とおっしゃったのかもしれません。子供にわざわざ苦労をかけようと思っている親なんていないと思うんですよね。

離れて暮らしている親が年老いていくのは心配だと思います。帰省のたびに「戻ってきて欲しい」ということを言われたらなおさら、後ろ髪をひかれてしまいますよね。でもね、離れているからこその「寂しさ」なんです。一緒に暮らしていたら寂しさは解決できるかもしれません。でも、その代わり違う感情が芽生えてくるかもしれません。「うっとうしい」とか「わずらわしい」とか。人間って勝手な生き物ですからね（笑）。

僕は何よりも大切なのは、あなた自身がどう生きたいか、ということだと思います。「どう生きたいか」という軸があって、それにどのように肉親が関わってくるのか、という風に考えていったらいいと思うんです。親孝行、と聞くと日本人は、「同居する」とか「一緒に旅行に行く」とか考えがちですが、果たして「一緒にいること」が親にとって幸せか、というとそうじゃないこともあります。親だって内心は、

「一緒に旅行に行くと、行動のペースが違いすぎて気疲れしてしまう」

と思っているかもしれません。同世代の友達とのほうが、気が楽なこともあるはずですよね。娘や息子の立場でも、親抜きで出かけたほうが気楽だけど、たまには孫の顔を見せてあげなくちゃ、と思っていたりしますから。お互い様、だと思うんです。だから、**「親孝行とは、こうするべきだ」**、**「一緒にいてあげるのが何よりの親孝行だ」という風潮はあるけれど、そうとは限**

らないんですよね。

けれど、親が共通して子供に望んでいることがあるとすれば、それは「子供が元気でイキイキと暮らしている」ことだと、僕は思っています。

肉親との関係に悩んでいるのなら、まずは、あなたが「イキイキ」と生きること。その上で、肉親との関わり方を考えていったら、みんなにとって、幸せなあり方が見えてくるんじゃないかな？　って思います。

バンビさん（39歳・会社員・東京都）

年齢的にも環境的にも（私は独身で大阪に年老いた両親がいます）、気になるのは親のことです。

当初1年の東京転勤が今秋ではや6年となり、親も大阪で仕事は無いのか…と、昨年あたりから帰阪の度に言われ、実家の玄関を出る時に決まって淋しい…と言う言葉を背中で聞きながら、親をこんなに淋しい思いにさせて良いのか…と自問自答しています。

なんせ親離れ子離れできてない親子関係なので…。

修造さんはどう考えられるのでしょうか。

バンビさんは自分を責めることなど、何ひとつしていませんよ。1年の予定だった東京転勤が6年になって、大阪に戻る目処《めど》がたっていないことで、親御さんは寂しい思いをしているのでしょうが……。親離れ、子離れのいいチャンスなのではないか、と思うんです。厳しい言い方ですけど、親御さんにはバンビさんのいない大阪での「楽しい生活」を積極的に探してもらいたいな、って思いますし、そうすることが親御さんの幸せでもあると思うんです。

それに、今の仕事を辞めて大阪に戻るという選択はあなたの幸せにはならないんじゃないかな、って思うんです。

僕からの提案は、毎日、電話をすることです。テレビ電話なら顔も見られるし、無料で通話できる料金プランもあります。こまめにメールを送るのもいいでしょう。バンビさんと話すために、親御さんもメールを頑張って覚えていくうちに、世界が広がってくると思うんです。「両親は年老いているからメールなんて無理」と決めつけないでくださいね。お年寄りでもメールを使いこなしている人はたくさんいますから。

いきなり、ではなく、少しずつ親離れ、子離れしていってください。そうすることで、バンビさんも親御さんも、お互いに充実した毎日を送れるようになって、今以上にいい関係になっていけると思いますよ。

肉親との関係に悩む淑女たちへ

何よりも大切なのは
あなた自身が
どう生きたいかだ

淑女のお悩み その③

姑との関係に悩んでいます……。

MESSAGE 001

主人の両親は神奈川県在住なのですが、姑が私を運転手代わりにこき使います。うちの車は主人が仕事で使っているのですが、姑のところは義父がいない平日は車を使う人はおらず、姑は免許を持っていません。「うちの車でちょっとホームセンターに連れて行って」「風邪ひいたから病院に行きたい」と気軽に私を呼び出します。

毎回は行けませんから3回に1回くらいしか応じていませんが、それでも、電車で片道1時間、さらに駅からバスで15分もかけて姑とショッピングする意味が分かりません。病院も私の到着を待つのではなく、タクシーを呼んだ方が便利なはずです。

姑はまだ60代で元気です。主人に言ってもちゃんと対応してくれません。修造さん！　解決方法を教えてください！

バジルさん（33歳・主婦・東京都）

MESSAGE 002

姑からの干渉に辟易しています。夫は男兄弟なので、娘ができて嬉しいのだろうと最初は思っていたのですが、「○○に行こう」とか「スカートを縫ってあげたから届けたい」とか、「庭の野菜を届けたい」とか毎週のようにやってきます。
夫は「もらって困るもんじゃないし」という感じなのですが、毎回、同じ話ばかり聞かされて退屈でたまりません。

ポン子さん（30歳・自営業・東京都）

MESSAGE 003

夫の実家の敷地に、二世帯住宅を建て夫と娘と暮らしています。義父母は夫の妹と３人暮らしです。姑としては、実の娘が可愛いのは分かるのですが、独身で彼氏のいない義妹に対して異常に気を使っていて、それを私にも強制してストレスが溜まります。

たとえば、私たち家族が旅行に出かけ、そのお土産を渡すと後で電話がかかってきて「（義妹に）わざわざ見せつけなくてもいいじゃない」というようなことを言ってくるのです。「二人目の子供は考えてないの？」と義妹に聞かれて、「そうね～」なんて話していたときも、夜、電話がかかってきました。二世帯住宅を建てた時、義妹は仕事の関係で都内で一人暮らししていたのですが、昨年、体調を崩して退職し、実家に戻ってきました。義妹は別に私のことを何とも思っていないようなのですが、姑だけが過剰反応しているようです。

ローンもあるので、今の暮らしを続けるしかありません。私はどんな気持ちで姑に向き合えばよいのでしょうか？

すばるさん（31歳・パート・千葉県）

MESSAGE 004

6月に入籍し、来年の3月に挙式・披露宴を行います。

事情があって結婚式のほうが後になってしまったのですが、結婚式のことで姑があれこれと干渉というか、クレームをつけてきてうんざりしています。料理や式次第などなにか決めることがある場合は、その都度、夫から義母に電話をして確認をしてもらっているのですが…。後日、「やっぱりおかしいんじゃない？」などと言って私に電話をしてくるのです。すでに決定してしまったことをいちいち蒸し返されても困るので、夫から話してもらったら、また電話がきて「怒られちゃったじゃない」と私が文句を言われました。

こんな姑とうまくやっていく自信が持てません。なんで、結婚式の前に入籍しちゃったんだろう、と後悔する毎日です。

マロンさん（29歳・自営業・埼玉県）

姑との関係に悩んでいます……。

お姑《しゅうとめ》さんとの関係は、ほとんどの方が悩んでいることだと思います。

なぜなら、お姑さんにとって、お嫁さんは「息子を盗った人」だから。最初から意地悪したくなる要素のある人間関係としてスタートしてるケースが多いんじゃないかと思うんです。だから、**「うまくやろう」と思わず、「うまくやれたら、ラッキー」くらいに思っていたほうがいいんじゃないでしょうか。**

そもそも「意地悪したくなる」要素を持って結んだ縁ですから、嫁姑の関係は理不尽なことだらけだと思うんです。合理的に常識的に考えれば考えるほど、理不尽さとのギャップが広がって苦しいだけですから、深刻になりすぎないでくださいね。

そういう特性を持った人間関係なので、「何が正しい」という正解もありません。ポイントとなるのは、「お義母《かあ》さんはこう言っている」、「お義母さんはこうしたい」という事実です。おそらく、お義母さんの意見や主張には理屈や理由などありません。「息子を盗られちゃって、なんだか面白くない」という感情の結果の言動なのです。白黒はっきりつけることもできませんので、深刻に向かい合おうとすると疲れ果ててしまいます。何か小言を言われたら、笑顔で「すみません」で済ませてしまうとか。「ありがとうございます」と言い続けてみるとか。今までとは違う対応の仕方を試してみるのもひとつの手段だと思います。

とはいえ、嫁姑の問題は、本来ならば息子である夫の問題だとも思っています。間に入って上手に取り持つのが息子、夫の役割でしょう。**ご主人にうまくコントロールしてもらうには、奥さんが感情的にご主人を責めるのではなく、冷静に「話し合いましょう」というスタイルでじっくり向き合うことが大切です。なぜなら、男は感情的な女性を前にすると本能的に逃げたくなってしまうのです。**

しかし、一緒に暮らしていたりしたら、のらりくらりとばかりもしていられませんよね。夫婦でしっかり話し合って、ご主人もできる限りのことをして、それでも、どうしてもつらいのであれば無理して一緒に暮らす必要はない、と僕は思うんです。「経済的に別居が厳しい」のであれば同居するしかありませんから、それに付随する姑との問題もひっくるめて受け入れるしかない。けれど、経済的な問題はなんとか解決してでも一緒にはいたくない、というのであれば、引っ越ししてもいいでしょう。ストレスをためて無理して暮らして、結果的に淑女のみなさんが病気になったりしたら何一つ、いいことはありません。経済的には多少、メリットがあったかもしれませんが、心身の健康はお金では買えませんから。

もちろん、ご主人がどのようなスタンスでいるのかも重要になってきます。これは夫婦で話し合う必要がありますが、表面的にはお義母さんの味方をしているようにしながら、じつは妻の味方である、という立ち位置をうまく取れるといいのかもしれません。そして、**ご主人のスタンスについては、徹底的に夫婦で話し合って決めて欲しいと思っています。**あなたがお義母さんのどんなところが嫌なのか。どういうことを言われるとつらいのか。ちゃんと理解してフォローしてもらわないと、あなたが参ってしまいますから。

息子というものは、案外、母親のことを知らないものです。ですから、「うちのオフクロがそんなこと言うわけないだろう?」と最初は信じようとしないかもしれません。また、母親というものも、息子にそんな姿を見せていない場合もあるので、ある程度、息子である夫の驚きは想定しておきましょう。

結婚とは、相手の家族とも結ばれるものであり、互いの考え方や文化も含めてするものだと僕は思っています。そして、〝異文化〟との交流は摩擦を生むものでもあります。家族それぞれが、それぞれの立場でいろいろなことを考え、思っているわけです。

もしかしたら、お嫁さんが「つらい」と思っているのと同じように、お姑さんも「つらい」と思っているのかもしれない。

せっかく縁あって家族になったのですから、誰かの我慢の上に成り立つ関係ではなくて、み

んなにとってハッピーな関係を探していって欲しいと思います。

はるるさん（47歳・会社員・千葉県）

同い年の夫と高校生の息子と娘がいます。3年前から夫の両親と同居しているのですが、義母と私が不仲なため、家の中がぎすぎすしています。義母は私が仕事をしていることが気に入らないようで、家事の不行き届きを見つけるたびに小言を言います。

子供たちは幼いころから私が働いている状態に慣れていることもあり、また「ママが働いているから経済的にゆとりがある」とも言ってくれているので私の味方をしてくれているのですが、それもまた、義母には気に入らないようです。

義父の体調が芳しくないことが同居のきっかけだったのですが、今は義父の状態も安定してきており、同居の必然性が薄れてきました。とはいえ、老親ですので、また状況が変わることもあるかと思い、同居を続けてきましたが、正直なところ疲れてしまいました。

夫は「子供たちがお前の味方をした上で俺まで味方しちゃうとお袋がブチ切れるだろうから」という立場を貫いています。夫の言うことはもっともだと思うのと、事態を悪化させたくないので夫の態度には不満はありません。義父は自分の体調が同居のきっかけだったので、私に「申し訳ない」と言ってくれますが、それもまた申し訳なくて……。みんながハッピーになれるような解決策はないかと悩んでいます。

3年前に同居を始めるまでの間にすっかりできあがっていたはるるさんご家族の家庭の文化や習慣が、お姑さんと、なかなかすり合わせられないのでしょうね。お舅《しゅうと》さんの体調が思わしくない中、今まで、頑張ってこられたはるるさんは、大変だったろうな、と思います。お舅さんの体調が回復してきて同居の必然性が薄れてきたことで、お姑さんとの関係が気になるようになってきたのではないかな？　と感じました。

でも、ご主人もお子さんたちも、お舅さんも、はるるさんの立場を分かってくれているので安心しました。

第三者として僕が思ったのは、はるるさんがストレスを感じているように、お姑さんもきっとストレスを感じているのではないか？　ということでした。そして、家の中がぎすぎすしている状態は、家族みんなにとってもハッピーじゃないことですよね？

経済的な問題はないとのことなので、思い切って、今のご自宅の近くで別居してみたらいかがでしょうか？　お舅さんの体調が再び、心配になってきたら、すぐに駆けつけられる距離で住まいを選ばれたらどうでしょう。引っ越しがそう簡単なものじゃないことも、分かっているのですが、今の状態を続けているよりは事態を改善できるのではないかと思うのです。ご主人から、お舅さん、お姑さんに「近くに引っ越そうと思う」と提案してもらえたらいいですね。肉親同士で話し合ってもらうんです。その間、はるるさんはお子さんたちと外出するようにして、親子での話し合いをしてもらうんです。はるるさんだけじゃなく、息子さんやお孫さんもが、居心地の悪い思いをしていると分かれば、お舅さん、お姑さんも、「このままではいけない」という気持ちを持ってくれるのではないかな、と思うんです。

本当に引っ越すかどうか、は別として。今は、一度、そういう機会を設けてみて「状況を変えよう」というムードを家の中に作ることが大切じゃないか、と思いました。

「みんながハッピーになるように」と考えている限り、きっといちばん良い方法が見つかるはずですよ！

姑との関係に悩む淑女たちへ

家族とは
我慢の上に成り立つ
関係ではない

淑女のお悩み その④

子供のことで悩んでいます……。

MESSAGE 001

娘達がテニスを習い始めて約6年。
試合に出場しても2回戦負け。
週5日の練習の送迎や遠征で家を空ける毎日。
レッスン代やテニス道具、遠征費を捻出する為に日々働く主人と私。

娘達はテニスが大好きでずっと続けていきたいようですが、努力しているのに結果が出ない状況に私の方がくじけてしまいそうです。

まあるさん（37歳・パート・広島県）

MESSAGE 002

3歳の長男のことで悩んでいます。今年、２人目を出産したのですが、ひとりっ子のころは明るかった長男が、すっかり元気がなくなってしまいました。

「赤ちゃんにママを取られちゃったような感じがして寂しいのよ。時間が経てば大丈夫よ」と私の母や近所の友達などは言ってくれるのですが、笑顔が減った長男を見ているとかわいそうです。

元気がない以外には変化はなく、我がままをいうわけでもありませんし、困ったことはないのですが。

本当に時間が解決してくれるのでしょうか。

プラムさん（32歳・主婦・宮城県）

子供にまつわる悩みは尽きませんよね。僕自身、3人の子供の父親であり、テニスのジュニアの指導もしているので子供と触れ合う機会が多いのですが、**子供って、一人ひとりのペースがあるものなんですよね。だから、大人は「なんで、そういうペースなんだろう?」と観察して、本人の気づきのきっかけを作ってあげることが大事なんだと思うんです。**

7月31日に夏休みの宿題を全部終えて、8月は遊びまくる、というスケジュール管理が自分ひとりでできる子供がいる一方で、宿題は8月31日に半ベソをかきながら家族総出で大騒ぎして終わらせる子供もいます。親としてみたら、前者の子供のほうが「ラク」なわけです。だから、そうであることを求めてしまう。けれど、それは親が「ラク」だからであって子供本人にとっては苦痛であることもあるわけです。

きょうだいの中に、「宿題は7月中に自力で終わらせる子」と「8月31日に泣きながらやる子」がいたりすると、どうしても比較してしまいます。この比較も、子供にとっては苦痛だと思うんです。

でも、8月31日に泣きながら宿題をするのは、子供にとって「経験」にもなるし、本人がいつか「これは、効率的じゃないなあ」と気づくきっかけでもあると思うんですね。親は、そういうチャンスを「気づきのきっかけ」にしてあげることが大切なんじゃないかと思うんです。

勉強だけでなく、習い事やスポーツをしているとレッスンの送迎やレッスン費用など親にも負担がかかってきます。テニスの指導者という立場から言うと、一所懸命、レッスンをしても、結果を出せない人がほとんどです。テニスの場合は、優勝者はひとりです。トーナメントの場合は二回戦にいければいいほうです。そういう厳しい世界なのです。だから、まず、**親御さんには結果ありきではなくて、「子供と一緒に取り組んでいる」ということを楽しんで欲しいと思っています。**お子さんが一所懸命、取り組んでいるのなら、結果が出なくても、得ていることってたくさんあると思うんですね。だったら、親御さんが「くじけてしまう」姿は見せないで欲しいんです。でも、**もしも、お子さんもそれほど一所懸命ではない、というのなら、きっぱりやめたほうがいい。また、お子さんは一所懸命でも、経済的に厳しいのであれば、お金を出してる親がコントロールして判断して欲しいと思います。**

スポーツをやっていても、プロ選手や指導者になれる人はほんのひと握りです。ほとんどの人が違う職業についています。でも、スポーツを通じて学んだことは、どんな人生を送ることになっても、生かされているんですよね。習い事もそうだと思います。ピアニストにならなくても、音楽の素晴らしさや感性は培《つちか》われるでしょうし、書道家にならなくても、きれいな字が書けるようになれば人生にプラスになるわけです。**結果が出なくても、将来につながってくるように導いてあげるのが親の役割なんだと思います。**

なんて、偉そうに言いながらも、僕自身も父親として勉強の毎日です。僕は、子供に「なんでそうなのか？」を質問しまくって、自分で答えを出させるようにしているのですが、子供からしたら、父親に何か言ったら、「どうしてそう思うの？」と質問攻めにあうわけですから、面倒くさい父親だと思います（笑）。でも、そうやって質問しまくっていって、**子供が自分で答えに気づいたことって、子供は忘れないんですよね。大人になっても、親になっても子供から教えられることってたくさんあります。**ワクワクしながら、子育てをしていきましょう！

masuasuさん（31歳・主婦・東京都）

息子の事で悩んでいます。

小学校3年の長男は何をするにも遅いです。

特に宿題は4～5時間かけてやることも。量がたくさんある訳ではなく、普通にやれば遅くても1時間くらいで終わる内容を息子は出来ないのです。

正確にはやっている途中でぼーっとしてしまうよう。
人参作戦（早く出来たらゲームで遊べる等好きな物を目の前にぶら下げる作戦）や
お尻に火作戦（早く出来ないとこのテレビが見れない等罰を与える作戦）など、
いろいろ工夫してはいるんですが、効果なし。
毎日怒鳴る自分にもうんざりです。
やる気を出させる良い方法はないですか？

「小学校3年生の長男は何をするにも遅いです」とお悩みのmasuasuさん。息子さんはスゴいなあ、って思いますよ。だって、4〜5時間もかけてでも、宿題を終わらせることができるのですから。飽きちゃって途中で放りなげることはしないんですから。そういう粘り強さは褒めてあげて欲しいな、って思いました。息子さん、粘り強いですよ！　偉いですよ！

でも、これから先、学年が進んでいったらそうそう、ボーっともしていられませんから親としては心配ですよね。そこで、まずは、どうして息子さんが「ボーっとしてしまうのか？」を考えてみたらいかがでしょうか？　息子さんが「なんでボーっとしてしまうのか？」、「ボーっとしている間に、何を考えているのか」を息子さんと一緒に考えてみるのです。そこに、ヒントが隠れているように思います。

そして、「宿題を早く終わらせて欲しい」のはｍａｓｕａｓｕさんの希望であって、息子さんのペースと合っていないことが次のポイントとなります。ボーっとしてしまう理由と、母と息子のペースが合っていないことを頭の片隅において、息子さんをボーっとさせない作戦を考えてみてください。**今の作戦では効果がないのは、息子さんにとって「ワクワクできない」からです。**テレビやゲームというニンジンは、息子さんにとってボーっとすることよりも、魅力的じゃないから、効果がないのでは？　とも思います。つまり、今のニンジンは息子さんの好物じゃないんです。

怒鳴ってしまうのは、お母さんにとっても息子さんにとっても、マイナスの方法なので、怒鳴らないやり方を考えて欲しいな、と思います。

でも、４～５時間かけてでも宿題をやりとげる、というのは素晴らしい才能だと思います。その粘り強さを活かしながら、効率的に宿題ができる方法を一緒に考えてあげてくださいね。

子供のことに悩む淑女たちへ

気づきのきっかけを作ってあげるのが親の役目

淑女のお悩み その⑤

恋愛について悩んでいます……。

MESSAGE 001

韓国に恋人がいます。一緒に住みたいと考えていますが、外国で住むことに不安を感じています。彼とも長い間一緒にいたことはないのでうまくやっていけるのか考えてしまいます。
駄目なら日本に戻ってくればいいや…とも思いますが、なかなかやりなおしのきく年齢でもないので。

レモンさん（40歳・無職・大阪府）

MESSAGE 002

32歳で未婚・彼氏なしです。彼氏もほしいし、結婚もしなきゃやばいかなあと焦っているつもりですが、仕事もまだまだで…
しかもこの歳にして、大学院に私費留学を考えており、、
なんとか行けたとしても、日本に帰ってきたら35歳・未婚・貯金なし（逆に借金？）という無謀なことを考えております。

やりたいことがたくさんありすぎて、でも実際はなかなか追いつけなくて、日々もがいております。

あ〜、あと5歳若かったらなあ、なんてあり得ないことを考えては
そんな考えを頭から無理やり消して、、

どうしたら、自分の夢もかなえて、彼氏もできて結婚できるでしょうか。

こうさん（32歳・会社員・東京都）

MESSAGE 003

最近、「この人と結婚するかもな」と思っていた男性に振られてしまいました。聞けば、20代半ばの女性と結婚するんだそうです。私は一人で生きて行けそうだけど、その若い女性は俺がいなきゃ無理なんだそうで…。

でも、私からすれば、35歳の女性の方が、将来の可能性も少ないです。それに、35歳で「あなたがいなきゃ生きていけない」なんて思っていても言えるわけがないじゃないですか。

男性は甘える女性が好きですが、甘える女性はみんなに同じことができるしたたかな女性だということになぜ気づかないんでしょう？

私は彼に負担をかけないように、いつも強がって甘えずに生きてきました。仕事もそうです。結婚や恋愛って真面目に生きている女性が馬鹿を見るものなのでしょうか？


はるうららさん（35歳・会社員・東京都）

MESSAGE 004

結婚でなくてもいいのですが人生のパートナー＝信頼しあえる恋人は欲しい。でも全くご縁に恵まれず、おどろくほど孤独です。いったいいつまでどこまでこの人生が続くのか…ぞっとします。


唯一の本気でプロポーズをしてくれた男性は元遊牧民のモンゴル人。15年ほど前にモンゴルの地で会い、その後、日本にきて日本語がぺらぺらになり、事業も軌道に乗って再び祖国へ帰って行くというので先日会ったのですが再びプロポーズを受けました。（デートさえしたことないのにこの執着力。凄い粘り強さだと思いませんか？）

ここまでご縁がない人生ならばいっそ彼についていって夢と冒険の人生をつきすすんだほうがいいのかと。本気で悩んでいます。


みんなどうやってパートナーをみつけられるんだろう？

私に現れる人はうんと年が離れていたりいろんな事情があったり、現実的ではない人ばかりのような気がします。


ロンリーさん（38歳・フリー編集者・東京都）

淑女のみなさんの恋愛のお悩みを拝見して、結婚に直結していることから、悩みが深くなっているのだな、と感じました。

ただ、乙女のお悩みの章でもお話したとおり、恋愛が必ずしも結婚とつながるか、というとそうではないと僕は思っているんです。**結婚に至らない恋愛もあるけれど、その恋愛を経験したからこそ、今のあなたがある。結婚に至らなかったからといって「意味がない恋愛」、「無駄な恋愛」というものはないんです。**それに、自分の年齢を考慮して、結婚を意識しすぎて恋愛するのも、ちょっと違うんじゃないかな？　とも感じています。結婚は「なんとなく」ではしないほうがいいものだと思うんです。「結婚するべき年齢だから」とか、「これを逃したら次はないから」とか、そういう理由で結婚してしまって大丈夫なのかな？　って、僕自身の結婚生活の経験から、そう思うんです。結婚してみると、予想外の出来事はたくさん出てくるし、人生、山あり谷ありですからね。**それを一緒に乗り越えて生活を共にしていくには、結婚相手のことを本気で好き、という気持ちが大切ですから。**

そうはいっても、「私はずっと、このままひとりなのだろうか？」と思ってしまう気持ちも分かります。ひとりでいるのなら、結婚しようと言ってくれている人と結婚したほうがいいんじゃないか、と思えてくるんですよね。でも、仕事を持っていて生活ができるのであれば、そんな理由で結婚してしまったら後悔すると思います。一緒にいれば愛情が芽生える場合もあるかもしれないけど、その保証もありませんからね。だから、**淑女のみなさんも、本気で誰かを好きになって素敵な恋愛をしてください。**

また、はるうららさんのように、「いつも強がって甘えずに生きてきました。仕事もそうです。結婚や恋愛って真面目に生きている女性が馬鹿を見るものなのでしょうか？」という気持ちを持っている人も多いことと思います。僕は常々、仕事を頑張っている女性って、本当にデキる人が多いな～、偉いな～、見習わなくちゃな、って思っているんです。仕事の能力もそうですけど、気配りとか思いやりもあるし、きちんとしている人が多い。そういう人が働いている姿を見ていると「美しいな」って思いますし、僕はこういう生き方をしている女性を応援したい。でも、確かに、男って馬鹿だから若くてちょっと頼りない感じの甘え上手な女の子のことを「可愛い」なんて鼻の下、伸ばしたりもするんですよ（笑）。確かに、可愛いです！

でも、人生のパートナーに「選ぶか？」と聞かれたら僕は、こういう女性は選ばない派です。結婚してからいろいろと苦労するのは目に見えていますからね。

仕事がデキるしっかりした女性って、男からしたら「近寄りがたい」ように思えちゃうのも分からなくもないんです。だけど、そういう女性のほうが繊細で気を使っているのも、よく見ていれば分かりますから、ちゃんと見ている男には魅力的に見えています。はるうららさんは結婚を考えていた相手に振られ、その元彼が若い甘え上手の女性と結婚することになってショックを受けているようですが、この男性はあなたには合わなかった、って僕は断言します！　あなたにふさわしい男なら、甘え上手の若い女の子を選んだりしません。うっかりこの彼と結婚しなくて良かった、ぐらいに思ったほうがいいですよ！

海外での生活や、遠征、試合などで外国人の方々と接してきた中で、「日本人の女性は年齢に縛られているなあ」って感じることがよくあります。「若いほうがいい」、「もう若くないから」と口にする人が多い。でも、欧米では日本のように、女性が年齢を意識したコメントをすることは、ほとんどないんです。年齢で自分を縛っていないから、みなさん、イキイキしている。やりたいことが見つかったら、何歳であろうとチャレンジするし、恋愛も謳歌しています。

日本の女性も、仕事も恋愛も、「自分が楽しい」と思えることを一番に考えられるようになったらいいな、って思っています。

• • • • •

あんこさん（34歳・会社員・東京都）

3カ月前に結婚を前提に交際していた彼氏に振られました。

• • • • •

理由は「もう、愛情がない」というもの。

結婚をするのだと思っていたので、振られたこともショックでしたが、それ以来、無気力になってしまいました。

仕事も惰性で行っている感じですし、新しい恋愛も考えられません。

生きていることそのものが惰性って感じです。

私の世界から一気に色が失せたような気がしてしまいます。

どうしたら、気持ちを切り替えて前向きになれるのか自分で考えることもできなくて……。


3カ月で失恋の痛手から立ち直ることができたら、それは奇跡でしょう。立ち直るまでに半年、1年と時間がかかっても仕方がないと思います。だから、あんこさんは、まず、「無気力になってしまっている」というご自分を責めないでください。当たり前なんです。それで、いいんです。

失恋を過去のものとして振り返れるようになれば「かつての恋人のおかげで、今の私があるんだな」、「あの恋愛を経験したから、人間として成長できたな」って思えるようになってきますよね。そこにたどり着くまでがつらいんですけどね。

今、あんこさんは、仕事ができなくなったりしているわけではないようなので、立ち直るためのリハビリとして仕事で高い目標をつくって、それを達成するという風に気持ちをコントロールしてみてはいかがでしょうか？

よく、「失恋の痛手は、次の恋が癒してくれる」と言いますが、僕はそうは思わないんですね。**つらさ、寂しさを紛らわせるために無理やり恋をしても、いい恋愛はできませんから、あんこさんがハッピーな状態で次の恋をスタートして欲しい。**だから、仕事とか、趣味でもいいんですけど、恋愛とは関係のないものに助けてもらいましょうよ。

高い目標を達成すると、自分に対して自信が持てるようになります。自信喪失していても、取り戻すことができるし、頑張った自分を好きになれますからね。

ひとつ、僕からあんこさんにお願いしたいのは……。別れた彼を恨んだりしないで欲しい、ということです。人を恨んだり、憎んだり、という感情は罪悪感を生むし、良い結果につながりません。むしろ、「彼と付き合った経験があるから、今の私がある」と思って、感謝して欲しいんです。「私を振ってくれたから、一所懸命、仕事を頑張って目標を達成できた。ありがとう」って。そういう風に思えるようになったら、きっと、幸せな恋ができるはずです！

恋愛に悩む淑女たちへ

意味のない恋愛
無駄な恋愛はない

淑女のお悩み その⑥

今の自分に疑問を感じて前向きになれません……。

MESSAGE 001

修造さん、はじめまして。私は37歳独身です。過去の恋愛を振り返り、いつも反省してしまうことがあります。

どうも私は貢ぐのが好きなようなのです。貢ぐと言っても高価なブランド物や、車とかお金とかそういうものではなく、そんなに高くない洋服や腕時計、交通費とか食事代、はたまた缶ビールの差し入れなど、トータルで考えると彼にプレゼントしてもらうものの倍以上の贈り物をしているのです。

ただ、何故私ばかり貢いでしまうのかと後悔するのは、いつもその恋愛が終わった(終わりそうな)時。付き合っている時は後悔などなく、むしろプレゼントをすることに喜びを感じているのです。ショッピングをしていても、自分のものより、彼のことを考えて突然のプレゼントを買ってみたり。でもそれが楽しいのです。

しかし最終的には、相手が私にプレゼントをくれないことを責める気持ちにもつながっているのだと思います。優しさの押し売りみたいな、そういう思いはもうしたくないのです。

なにか良い解決方法があれば教えてください。
よろしくお願いします。

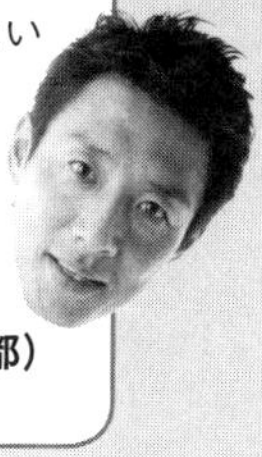

はつこさん(37歳・グラフィックデザイナー・東京都)

MESSAGE 002

やりたいことだけをやってきてふと気がつくと50歳目前です。

マスコミ界に足をつっこみ、海外留学し、国際結婚し、海外に住み、芸術を勉強し、海外旅行であちこちへ出かけ、語学を生かした仕事をし、スポーツもしてきました。

その反面、住んだり働いたりする環境を変えすぎて、どれが自分の居場所なのかさっぱりわからなくなってしまいました。

トランジットで空港の中をひとりで歩いているイメージから抜け出すにはどうしたらよいでしょうか？

みどりさん(49歳・派遣社員・愛知県)

MESSAGE 003

朝早く起きるのが苦手です。そのためスロースターターになってしまい、夜型の生活に。悪循環だと思いつつ、なかなか生活習慣を変えられません。もっと早寝早起きをして、時間をうまく使えるようになりたいです。アドバイスを頂けるとありがたいです。

ｓｈｕさん(33歳・主婦・東京都)

MESSAGE 004

年齢に見合った生き方ができません。

いまだに意図的ではなく、20代が好きそうな場所や洋服や雑誌等が好き。

それと若いねとは全然意味が違うのにと思いつつ、こうやって歳を重ねていっていいのでしょうか？


おわらいたーさん(37歳・フリー編集者・東京都)

MESSAGE 005

大人と言われる年齢になってから、随分と長く生きてきました。

会社勤めも20年近くになりますが、どうも何をしても、自信が持てないでいます。年齢相応に堂々としたいし、後輩の手本にもなりたいのですが、人前で話すことがいつまでたっても苦手です。

会議などでは緊張し、臨機応変に言葉が出てきません。

仕事以外、飲み会などでも、自己主張の強い人たちの集まりの中に入ると、その強さに圧倒され、気分的に縮こまってしまいます。

つまらない話で人を煩わせないようにしよう、と思ってしまいます。

対人恐怖症ではないので、周囲の人が聞けば、そんな風に考えているなんて驚かれると思いますが…。

松岡さんのように、発するひと言ひと言が力強く、生きる姿勢も自信に満ちてという大人に少しでも近づきたいので、アドバイスいただければと思います。

アロハさん（42歳・会社員・東京都）

MESSAGE 006

仕事に飽きてしまいました。キャリア15年になるフリーライターです。好きで始めた執筆業、けれど、それが15年ともなると専門職がゆえに飽きも著しく。取材力、文章力とももはや伸びしろが感じられず、最近はただ書いているだけみたい。他の仕事を、と思っても気づけば40歳目前、ヘタなキャリアが潰しのきかないもののように立ちはだかっている感じがします。

そもそも「飽きた」から仕事をやめるなんて発想はないだろ、とツッコミを入れたり。一方で、「仕事に飽きてただ書いているだけのライター」というスタンスが編集者にバレはじめ、このまま行くと経済は悪化の一途を辿りそうです。なんとか「飽き」を前向きなエネルギーに転じられないものかと日々迷走中。おかしな相談ですみませんが、何かアドバイスを頂けませんか。

スポーツ選手も専門職の極みみたいな職業ですが、仕事となると「飽き」が来る瞬間はあったりもするのでしょうか？


松岡さん（38歳・フリーライター・東京都）

人生に対して前向きになれない時って、多くの人が「このままでいいのだろうか？」という迷いを感じていると思うんです。では、前向きな人が自分の現状に大満足しているか？　というと、「満足はしていない」と思います。

僕は、今、おかげさまで仕事も順調で、なんの不満もありません。でも、**「これでいいのか？」と思い続けています。「もっと、できることがあるんじゃないか」、「もっと、頑張れたんじゃないか」、そういう思いを持ちながら毎日を生きています。**

前向きか、前向きになれていないか、の違いって、ほんの少しの考え方や気持ちの違いなんだと思うんですね。現状に満足していないことは同じです。でも、前向きな人は現状に感謝しつつ、より良くしていこう、と思っている。一方、前向きになれない人は「このままでいいのだろうか？」という不安や迷いだけを抱えてしまっているんじゃないかな、って思うんです。

「朝早く起きるのが苦手」というＳｈｕさんは、「夜型の生活で悪循環になっていて良くない」と気づいている。この悪循環を断つためには「早寝早起きすればいい」ということも分かっている。でも、実行できていない。「このままじゃいけない」という気持ちだけを抱えてしまっている典型的なケースですよね。

こういう場合、どうして、Ｓｈｕさんが早寝早起きできないか、を考えなくてはなりません。ご本人に詳しく聞くことができないので、僕の推測で話を進めていきますね。

Ｓｈｕさんは、「早起きする理由」がないのだと思います。仕事や用事があれば、早起きせざるをえませんが、そういう理由がないので、いつまでも寝てしまうわけです。さらに、夜も「遅くまで起きていられる」わけです。つまり、「眠くて眠くてたまらない」というほど体が疲れていない。起きている間の活動量が少ないいんじゃないかと思います。どんなに睡眠が足りていても、肉体を酷使したら夜はバタンキューになってしまうものです。体力に自信のある僕でもそうです。

そう考えると、ひとつのアイディアが浮かんできます。起きている間にめちゃくちゃ体を酷使して、夜、バタンキューになればいいんです。家事でもいいですし、運動をしてもいいでしょう。とにかく体を使いまくる。

次に、「早起きをする理由」を作ります。午前中に予定を入れたり、仕事を始めるのもいいでしょう。

これで、Ｓｈｕさんは早寝早起き人間に生まれ変われます。

このような考え方は、人生への「このままでいいのだろうか?」という悩みにも使えるテクニックでもあります。**「このままじゃいけない」と思っている。「こうなりたい」と思っている。でも、なれない。理想や目標が分かっているのに、「なぜ、なれないのか?」を自分の心に聞くのです。これを繰り返していくと、具体的に何をしたらいいのか? が見えてきますから、行動に移せばいいのです。**

また、ご自分の性格的な傾向について「このままじゃいけない」と感じている淑女の方もいるようですが……。たとえば、「男性に貢ぐのが好きなようなのです」というはつこさん。僕はプレゼントをして、人の喜ぶ顔を見るのが好き、というのはとてもいいことだと思うんです。でもね、はつこさんは悩んでいるんですよね。しかも「貢ぐ」という言葉を使っている。そこから推測すると、はつこさんのプレゼントは、お財布が許す範囲を超えているんじゃないでしょうか。

また、別れるときに「お返しをしてくれない」と思ってしまうというのは、はつこさんが無意識のうちにプレゼントをすることで相手の気を引こうとしているからではないかと思います。見返りを求めるような関係は、健全とはいえませんよね。プレゼントをする以外でも、メールや手紙など、恋人に思いを伝える方法ってたくさんあります。これからは、プレゼントは誕生日やクリスマスなどの記念日だけ、など、自分でルールを決めて恋愛をしてみてはどうでしょうか？

話がいろいろと飛躍しましたが……。


「このままでいいのだろうか？」

「このままじゃ、いけない」

という気持ちを抱え込んで、そこでストップしてしまっている限り、前向きにはなれません。

だから、

「どうして、一歩を踏み出せないのかな？」

と考えてみてください。その答えの中にあなたが前向きになるためのヒントが隠れていると思います。

ふくろうさん（44歳・自営業・神奈川県）
39歳と晩婚で結婚しました。夫はとてもいい人でずっと仲良く暮らしています。
夫も私も子どもを望み、病院にも通ってお金もたくさんかけて〝妊活〟しましたが、
残念ながら授かりません。

今までの人生では、仕事や勉強、人間関係も、時には辛いこともありましたが、頑張ればよいご縁に恵まれて、努力すればするだけ良い結果がついてきましたし、充実感がありました。

でも子どもだけは、いくら強く望んでも、自分の力だけでは思うように授かれない現実があります。

不妊治療を第一にここ数年頑張ってきたものの、年齢のこともあって、さすがに限界を感じています。

最近はあきらめの気持ちが自分の中に強くなり、気力も失いがち…。

別の人生の目標を設定して、気持ちを切り替えなくてはいけないと思いながらも、なかなか前向きになれません。

今のままでも幸せなのはわかるのですが、ときどき空しくなります。

いつもご自身のモチベーションを高くしている松岡さんは、困難にあったとき、どのように気持ちを奮い立たせているのでしょうか。

僕の周りにも、ふくろうさんのように不妊治療に取り組んでいる友人がたくさんいます。これればかりは、自分ではコントロールできないことで、医療が発達したとはいっても、なかなか難しいものですよね。

自分の力だけでは、思うようにいかない現実、たくさんありますよね。

夫婦でお互いに思いやり合ってしまって、つらくなってしまった友人もいました。また、「もう、諦めよう」と夫婦で決めて不妊治療をやめたら、自然と授かったという友人もいました。ですから、ご夫婦でしっかり話し合ってこれからどうするか？　を考えて欲しいな、と思っています。

今の自分に疑問を感じて前向きになれない淑女たちへ

後ろを向いて
いるのはあなただ
前を向け　心も体も

淑女のお悩み その⑦

ママ友との関係に悩んでいます……。

MESSAGE 001

幼稚園のママ友に、いわゆるモンスターペアレンツのようなママがいます。

そのうちの子が園庭で転んで膝をすりむいたときは、「転ぶような素材の園庭が悪いのよ。そう思わない？」と意見を求められて困りました。「子供は転ぶものだし…」と言うと「家では転ばない」などと意味不明なことを言い出し、挙句の果てには「園庭の整備を要請するわ」と言い出したりして。お遊戯会での自分の子供の劇の配役が気に入らないと言っては大騒ぎし、配役を変えさせたり、自分の子供とケンカした子を「幼稚園から辞めさせろ」と迫ったりしています。

幼稚園のお迎えや行事でこのママと顔をあわせるのが苦痛です。

プリンさん（34歳・主婦・東京都）

MESSAGE 002

4歳のうちの娘は、標準よりも体格がよく、「まだ４歳なの？」と驚かれることもしばしば。たしかに、見た目は5歳くらい？　かもしれません。

よく、一緒に公園で遊んでいる子供たちのママのひとりが、どうしても見た目で判断してしまうようで、うちの娘に対して「大きいんだから我慢して」という扱いをするので、娘はしょっちゅう、泣いています。その都度、他のママたちが「○○ちゃんも、同い年よ」とフォローしてくれるんですが「そうだっけ？」と軽く流されてしまいます。

ただ体格がいいというだけで理不尽な目に遭わされる娘が不憫です。

コロンさん（28歳・主婦・千葉県）

MESSAGE 003

小4の息子を持つ働く母です。働いている分、ＰＴＡの役員など、十分にできてはいないのは自覚しています。

けれど、行事のたびに聞こえよがしに「働いている人はいつもキレイにしていていいわねえ」、「もうちょっと手伝ってくれるといいんだけどねえ」と陰口を言われています。
陰口を言っているのはひとりのママさんで、あとの人は調子を合わせているだけなのは分かるのですが…。

「気にしない」と決めているんですけど、毎回、毎回となると心が折れそうになります。
そんな私を修造さん、どうか励ましてください！

のぶさん（36歳・自営業・東京都）

MESSAGE 004

私は専業主婦ですが、一生懸命主婦をしているけれど、外で働いていないからといって、何もしていないようによく言われます。

「仕事していないんだから、学校の役員しなさいよ」とか、遊んでいる暇人のように平気で言う人が居ます。

自分なりの人生の選択だから、どちらが偉いとかいうことはいえないと思いますが、修造さんはどうですか？

クマキチさん（49歳・専業主婦・福岡県）

ママ友付き合いというのは、子育ての大変さのひとつ、なのではないでしょうか。父親は、母親ほど親同士の付き合いに顔を出す機会もありませんから、女性の方がいろいろと大変なんだろうな、って思います。ママ同士のお付き合いが、子供同士の関係にも影響したり、または、「子供が仲良しだから、ママとは気が合わないけどしょうがなくて」というお悩みも今回いただきました。

問題は、淑女のみなさん、ご本人が「ママ友付き合いに疲れちゃっている」ということだと思いました。「無理して付き合う意味が分からない」と誰もがうすうす、気づいているのに口に出せないんですよね。

あなたのように、ママ友付き合いになじめずに疲れている女性って、たくさんいるんだと思うんです。みんな、そういう風に思っているのに、生きていく上で必要だからうまく付き合っていこう、と思っているんじゃないかな、って感じます。なんとなく付き合いが始まっていって、ものすごく密接な関係になって。でも、何かをきっかけに、一気に全員、敵になることもある。そういう関係ですよね。

でも、あまり思い詰めないでください。「ママ友との付き合い方」について、本書を書くにあたり、いろいろな人に聞いてみたら、「インフルエンザ流行をきっかけに、息苦しいママ友関係が自然消滅した」という話を聞きました。
インフルエンザが流行って、1カ月半くらい、ママ友メンバーの子供が誰かしら熱を出しているという状態が続いたんだそうです。ママが熱を出す家庭もあったり、きょうだいがいる家は、子供が順番に発熱したりして。公園で顔を合わせる機会もめっきりなくなって、インフルエンザが落ち着いたころには、ママ友関係も消滅していたんだそうです。顔を合わせない間に、「別に、毎日、会う必要なんかないじゃないか」って気づいたんでしょうね。それからは自然な関係になれたそうですよ。

ママ友付き合いは最初に自分から「お付き合いのスタンス」を決めてしまうことが大事なんだな、って思います。

「あの人は、忙しい人だから、誘っても来れないかもしれない」
という雰囲気を最初に作っておくことが大切なんだそうです。
また、ママ友付き合いの問題をご主人に話したけれど、適当にあしらわれて腹が立った、という経験のある方も多いことでしょう。男性代表、というわけではないのですが、正直に言います。「関わりたくない」、それが男の本音です。

ママ友に限らず、男性は女性同士のコミュニティにはできるだけ関わりたくないものなんで

す。だから自動的に聞きたくないモードにスイッチが入ってしまうんでしょうね。でも、だからといって自分の妻が悩んでいるのに、そういう態度をするのはよくないですよね。僕も分かっているつもりなんですけど……。それでも、ちゃんと聞かなくて、妻から叱られることがあります（苦笑）。みなさんのお悩みを読んで、反省しました！

最後に、**僕が「不愉快なことを忘れる」時に使っている方法をお話しますね。心の中に「セーフティブランケット」を持つのです。**「セーフティブランケット」とは、幼い子供が肌触りのよいタオルや毛布などを、握りしめてさえいればご機嫌になれるもののことです。大人が実際にセーフティブランケット的なものを持っているのはなにかと支障がありますから、心の中に作るのです。たとえば、**僕は、人間関係で思うようにいかない時、子供の笑顔を思い浮かべています。また、数字を数える時や、富士山を思い浮かべる時もあります。「イライラしそう」と思った時、自分の心が穏やかになれるものをイメージするのです。**

現役時代の僕は、試合でイライラしてくると祖母の顔を思い浮かべていました。いつも優しく僕を見守ってくれているおばあちゃんのことを思うと、苛立ちやプレッシャーがちっぽけなことに感じられ、気持ちがリセットされていったのです。思い浮かべる対象は変わりましたが、この方法はかなり使えますので、ぜひ、試してみてください。

ママ友の付き合いは、一生続くものではありません。解決策を考えることも可能ではありますが、子供の入園や入学、進級などをきっかけに関係が変わるのであれば、「それまで辛抱する」ほうがいい場合もありますよね。そんな風に**「やり過ごして時が経つのを待つ」のであれば、セーフティブランケットが助けてくれるはずです。**

悩んでいるのは、あなたひとりじゃない！　日本中のママが同じ思いを持っている、と思って、乗り越えて欲しいと思います。

きょうちゃんさん（32歳・主婦・神奈川県）

3歳の男の子の母親です。子供を公園に遊びに連れていったりしているうちに、親しくなったママ友たちがいます。5人のグループなのですが、表面的にはうまくやっていますが、本音を言うとなじめず疲れてしまいます。

ほぼ、毎日のように子供と一緒に会うのが自然と日課になってしまっています。公園に顔を出さないと、「どうしたの？」と家に来られたりしてしまいますし、「明日は買い物に行く」と言うと「私もいく～」となって結果的に全員でぞろぞろと行くことになります。上手な距離の取り方が分からずに疲れてしまいました……。

毎日のことですから、きょうちゃんさん、すごく疲れちゃうなあ、と思いました。ママ友の5人組は、もともと、そんなに気の合う人たちじゃなかったんでしょうね。他のお子さんの年齢が分からないのですが、きょうちゃんさんのお子さんは来年から幼稚園ですから、幼稚園に行くようになれば、また、関係が変わってきますよね。ですから、あと少しの辛抱です！

公園に顔を出さない時は、事前にメールをするのもいいでしょう。「母が足をねんざしたので、様子を見に行くので、今日はパスします！」とか。「パパが忘れ物をしたので、会社に届けに行ってきます」とか。そういう時は、ある程度、ウソも方便でいいと思いますよ。そうすれば、「どうしたの？」ってわざわざ自宅にまで来ないでしょう。

お子さんが幼稚園に入って、**新しいママ友関係を作る時は、最初から、きょうちゃんさんのスタンスをはっきりさせておきましょう。**母親が苦痛だと思っているのは、子供にも伝わってしまうものですから、親子そろって楽しい毎日を送りたいですよね。

深刻になりすぎないでくださいね。

今の5人組は永遠に続く関係じゃないんですから！

ママ友との関係に悩む淑女たちへ

ママ友は永遠の友ではない

淑女のお悩み その⑧

オバサン化してきている自分が怖いです……。

MESSAGE 001

松岡さんは、電車の中で化粧をする女性を、どう思われますか？

若者のギャル言葉や腰パン穿き、 オジサマ方の「チッ」「シーハー」などは許容範囲の私ですが、電車で化粧する女性だけはどうもいただけません。

通勤ラッシュの車内で、凄い形相でマスカラを塗っている姿を見かけると、思わず電車が揺れたふりをしてぶつかりメイクをぶちこわしたい衝動に、駆られてしまいます。

実際はそんなことができるわけもなく、車両を変えようにも身動きが取れず、ならば見ないようにしようと思いつつも、ついついガン見してしまう私。

このストレスに、どう対処したらいいでしょうか？

ティナさん（41歳・主婦・東京都）

MESSAGE 002

先日、夫になにげなく「うちも駅からもうちょっと近ければいいのにねえ」と言ったら、「そういうことを言い始めるのって、オバサンになった証拠だよ」と言われました。

夫いわく、「どうにもならない事実を話題にするのはオバサンだ」ということらしいのですが……。

年齢的には、まだ、オバサンになるのは早いと思うので、食い止めたいのですが、どうしたらいいのでしょう？

ちえさん（27歳・主婦・埼玉県）

恋愛のお悩みでもお話しましたが、僕は、〝女性は何歳になっても、美しくいられる〟と思っています。

「人に迷惑をかけない」
「美しく座る」
「美しく話す」
「感情的にならない」

これは、僕が「女性に対して、女性として大切にして欲しい」と思っていることです。そして、この4点を守っていれば、オバサン化することはない、と断言します!

言い換えると、この4点をおろそかにしていると、年齢がどんなに若くても、オバサン化している、ということです。

働く女性が増えている中、職場で「うるさいオバサンだと思われているんじゃないか?」と気になっている淑女が多いんだな、って驚きました。きっと、そう思われてしまうと仕事の上で、いろいろと不都合が出てくるんでしょうね。男性は「うるさいオジサンだと思われていないか?」なんてことを気にする必要はありませんから、女性はやっぱり大変だと思いました。

今の世の中、女性が「できないこと」って限られてくると思うんです。パソコンが詳しい女性も多いですし、車の運転が上手な女性もいる。仕事については、女性のほうがデキるんじゃないか？　って僕は思っているくらいです。そして、「自分でできることは自分でやる」という女性のほうが、僕は基本的に好きです。

でも、どんなにデキる女性でも、重い荷物を持つのは男よりも苦手だと思うんですね。そういう時は、無理をせずに、

「持ってくれる？」

って頼んじゃえばいいんです。男は案外、そういうの、嬉しかったりする（笑）。こういうのはオバサンじゃないと思います。**本当にできないことを、できそうな人に頼むのは当たり前のことですし、「頼る」のと「人に迷惑をかける」のは違います。**それに、「荷物を持ってあげた」程度のことで、男はいい気分を味わえたりするんです。「ありがとう。助かったわ」って言ってやってください（笑）。

男の立場から言うと、仕事がデキるとか、女性の上司だっていうだけで、男はオバサン扱いはしないものです。でも、男って嫉妬深いですし、デキる女性を妬んだりする人もいますから、悔し紛れにそういう人が「オバサンのくせに」って言うことがあるかもしれませんね。そういうのは、気にしなければいいんです。先ほど挙げた4点を守っていれば、大丈夫。オバサンじゃ

ないんですから。

　仕事の場で女性らしさなんていらない、って思っている方もいるかもしれませんが、僕は女性らしく美しく仕事をして欲しいです。女性にしかできないこと、女性だからできること、たくさんあると思うんです。人間としては男女は対等であるべきだと思います。でも、性別の違いがある以上、性差による役割分担まで否定してしまうのは不自然なことだと感じるんです。

素敵な女性を見て、「素敵な人だなあ」って思う時って、「あの人、何歳なんだろう？」って思ったりしないいんですよ。何歳でも関係ないんです。

　本書を読んでくださった、少女のみなさん、乙女のみなさん、淑女のみなさんが、素敵な女性であり続けることを、僕は、ずっと応援しています！

くまこさん（37歳・フリーランスライター・東京都）
松岡さん、はじめまして。
　いつも爽やかな熱い応援をテレビ等で楽しく拝見しています。

松岡さんの本音のご意見を聞いてみたいと思い、相談させていただきます。

先日、クライアントの飲み会に参加した時、27歳くらいの男性が、社内で評判の仕事ができない女の子について、ポロッと「あのくらいがかわいい。自分が仕切れるから」と言ってしまい、たちまち同僚のキャリア女性陣から総攻撃をくらっていました。

それを見て私は、「あー、彼はまだ若いからつい本音を言っちゃったのね～」「そりゃまわりの女性は怒るよねー」と可笑しかったのですが、ふと我が身に置き換えて考えてみると、彼よりも年上でキャリアも長い私は、彼にとっては少々やりにくい仕事相手なのかなと感じたりもしました。

恋愛では、女性はちょっと「できないふり」をするほうがモテたりします。

「甘え上手になろう!」なんて、女性誌に書いてあったりします。

まぁ、女性のほうも頼りにならない男性はイヤなのですから、お互い様かもしれません。

でも、ビジネスでは「できる」のが当然で、「できないふり」なんて自分の首を絞める以外の何物でもない……、ですよね？

でも、キャリアが長くなって、仕事ができるようになればなるほど、まわりの男性たち（とくに年下男性）から、内心「目ざわりなオバサン」的に疎まれるのだとしたら……？

それって悲しいよね！と、アラフォーの女友達たちと嘆き合っています。

実際、年上の男性とはうまく仕事ができても、年下の男性には変に気づかってしまって悩んでしまうことって多いのです。

いったい、年下の男性から見て、どういったキャリア女性なら好ましく、応援したいと感じるものなのでしょうか？

仕事ぶりはもちろん、雰囲気、ファッション、言葉づかい、言われると嬉しいひとこと、イヤなひと言やイヤな態度など、松岡さんのご意見をきかせてください！

くまこさんは、仕事もできて、それに気配りもできる素敵な方なんだろうな、って印象を、ご相談の文章から受けました。年下の男性の「あのくらいがかわいい」という失言も笑って流せる、心の広い大人の女性ですよね。そんなくまこさんは、そのままでいて欲しいです。十分、素敵だと思いますよ。

男って、若いころは「ちょっと頼りない女の子が可愛い」って思ったりするんですよ。それは、自分がまだ未完成、未熟だからなんですよね。仕事や人生の経験を積んでくると、デキる大人の女性のほうがいい！　って開眼するもんなんです（笑）。

若い男には、そういう面がありますけど、仕事上はくまこさんのやり方で接していけばいいんじゃないですか？　強《し》いて言うなら、**「褒めてあげる」ことを意識して、仕事相手、先輩として、若い男性社員を一人前の男に育てて欲しい。**結果的に、くまこさんよりも年下の男性にもプラスになって、くまこさんと一緒に仕事ができたことを良かったな、って思うようになるはずですよ。

僕は、デキる女性が好きなので（笑）。くまこさんには、僕のような男のためにも、尊敬できるデキる年上の女性として頑張って欲しいです！

オバサン化してきている自分が怖い淑女たちへ

本気で頑張っていればオバサンにはならない

あとがき

女性たちが抱えているお悩みや迷いが深くて、いただいた投稿の文章だけでは分からないことも多く、想像で書いた部分もありました。また、僕は女性ではないので、理解しきれていないこともあると思います。男性はまったく気にもしていないことを、女性が悩んでいることを知り、「こんな細かいことまで気を配っているんだ」と、ビックリしました。

この本のお話をいただいた時、妻のこともちゃんと分かっていない僕では力不足なのではないかと思いました。でも、応援は僕のライフワークのひとつです。僕の応援がきっかけとなって、ひとりでも元気になってくれる女性がいてくれたら嬉しいと思い、筆を進めました。

悩むこと、ネガティブになってしまうことは、決して悪いことではない、と思います。でも、そのままの状態では前に進めません。前に進むには、悩みをポジティブに考えていくことが欠かせないと思っています。本書が少しでも、そのお役に立てれば嬉しいです。

また、本書作成にあたり、たくさんのお悩みをご投稿いただきましたこと、心より感謝しております。すべてのお悩みを掲載しきれなかったのですが、みなさんからの生の声があったからこそ、この本を作ることができました。本当に、ありがとうございました。

「この本でアドバイスしていることを、妻にもちゃんとできたら、オレ、立派だなあ」と思いながら……。

みなさんの人生が「ドントウォーリー！　ビーハッピー‼」になることを願って、これからも本気で応援させていただきます。

平成22年10月吉日

松岡修造

一歩踏み出すのは
あなただ

松岡修造

松岡修造

1967年、東京都生まれ。10歳から本格的にテニスをはじめ、慶應義塾高等学校2年生のときにテニスの名門校である福岡県の柳川高等学校に編入。その後、単身フロリダ州タンパへ渡り、'86年、プロに転向。ケガに苦しみながらも、'92年6月にはシングルス世界ランキング46位(自己最高)に。'95年にはウィンブルドンで日本人男子として62年ぶりとなるベスト8に進出。'98年春に現役を退き、以後ジュニアの育成とテニス界の発展のために力を尽くす一方、テレビではスポーツキャスターなどメディアでも幅広く活躍中。

ドントウォーリー! ビーハッピー!!
松岡修造の生き方コーチング

2010年10月25日　初版第1刷発行

著　　者　松岡修造
発 行 人　井上晴雄
発 行 所　株式会社 光文社
〒112-8011　東京都文京区音羽1-16-6
編集部　03（5395）8271
書籍販売部　03（5395）8113
業務部　03（5395）8128
印刷・製本　凸版印刷株式会社

ISBN978-4-334-97630-9